Thérèse Bittar, diplomée de l'école du Louvre, y enseigne depuis dix ans «les arts de l'islam». Chargée de mission au département des antiquités orientales, elle participe activement aux différents travaux de la section islam. Elle a pris part à plusieurs expositions, collaborant à leur programmation, leur mise en place et à la rédaction des catalogues. Elle fut en particulier commissaire artistique de l'exposition consacrée à *Soliman le Magnifique* au Grand Palais à Paris en 1990.

*A mes enfants*
*et mes petits-enfants*



*1er dépôt légal : janvier 1994*
*Dépôt légal : mai 2004*
*Numéro d'édition : 129861*
*ISBN : 2-07-053201-1*
*Imprimé en France par Kapp*

# SOLIMAN
## L'EMPIRE MAGNIFIQUE

Thérèse Bittar

DÉCOUVERTES GALLIMARD
HISTOIRE

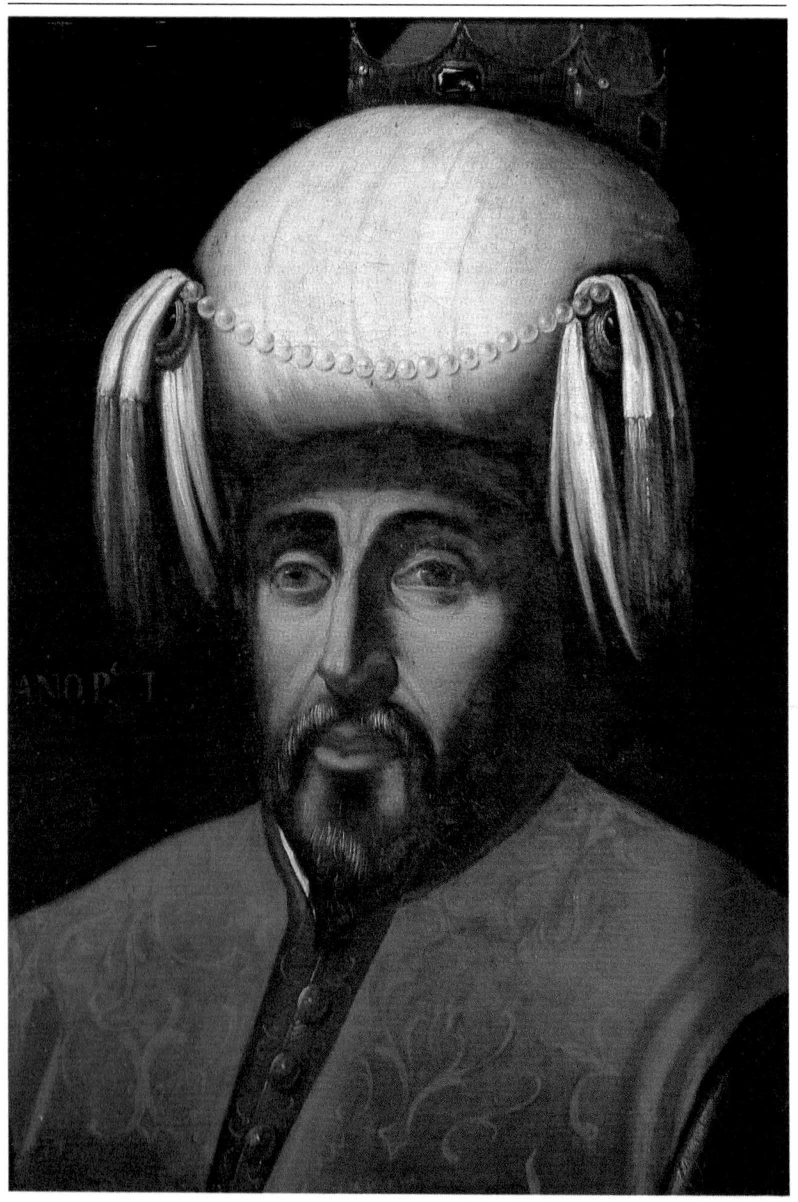

C'est à l'aube du XIV$^{e}$ siècle que les Ottomans, venus des confins de l'Anatolie, firent irruption dans l'Histoire et que débuta leur extraordinaire épopée. Ils n'étaient alors qu'un obscur émirat turkmène aux frontières des mondes byzantin et islamique. Ils créèrent un empire qui anéantit Byzance et prit sa relève. Les Ottomans régnèrent six siècles, étendirent leur domination sur trois continents et firent trembler l'Europe.

## CHAPITRE PREMIER
# DES ORIGINES À LA PRISE DE CONSTANTINOPLE

Face à un monde chrétien désuni, Osman (à gauche) sut allier intelligence et génie militaire pour jeter les bases du futur Empire ottoman. Il demeure auréolé du titre de *ghazi*, combattant de la foi.

## Les débuts de la dynastie ottomane demeurent encore environnés d'ombre

Les guerriers turcs étaient réputés pour leur valeur militaire.

Les Ottomans sont issus d'une tribu turque d'Asie centrale appartenant à la branche Oghuz. D'après des récits légendaires, c'est au cours du XIIIe siècle qu'ils rejoignent en Anatolie les principautés turques qui règnent déjà sur la majeure partie de la péninsule. En effet, deux siècles auparavant, d'autres nomades Oghuz, les Seldjuqides, se sont introduits en force dans le monde islamique, ont soumis l'Iran, l'Iraq, les provinces syriennes et, sur leur lancée, ont pénétré en Asie Mineure. Ces Turcs musulmans sont des sunnites qui observent la tradition du prophète Muhammad.

Vainqueurs des Byzantins à Manzikert en 1071, les Seldjuqides s'installent en Anatolie. L'Empire byzantin connaît alors une période de décadence et ne réalise pas l'urgence du péril turc. Miné par une grave crise financière, déchiré par les affrontements entre les différentes factions qui, après l'assassinat de l'empereur Romain Diogène, veulent imposer un souverain de leur choix, il réagit trop tard. Quand Alexis Comnène prend le pouvoir en 1081, l'Asie Mineure est presque entièrement aux mains des Turcs.

Ceux-ci se partagent alors le territoire conquis. Au centre de la péninsule, à Konya, dominent les Seldjuqides d'Anatolie qui connaissent, dans la première moitié du XIIIe siècle, une période d'apogée. Ils installent sur leurs frontières occidentales, avec charge d'en assumer la garde, les nomades qui continuent d'affluer d'Asie centrale et que repoussent vers l'ouest les populations turques citadines déjà établies sur le plateau anatolien. Le sultan de Konya aurait ainsi octroyé à Ertogrul, l'ancêtre des Ottomans, arrivé en Asie Mineure à la tête de quatre cents tentes, la bourgade de Soyut, au nord-ouest de l'Anatolie, comme terre patrimoniale, ainsi que des pâturages d'été pour ses troupeaux. Dans ces régions, une cohabitation pacifique règne d'abord entre chrétiens et musulmans. Les frontières sont perméables, les semi-nomades écoulent les produits de leurs troupeaux dans les centres urbains byzantins et s'y approvisionnent. Mais la situation évolue. La quête de nouveaux pâturages, les pressions exercées à l'est par les Mongols, et qui se répercutent à travers l'Anatolie, sont source d'affrontements. Bientôt, les Seldjuqides doivent s'incliner devant les hordes mongoles qui déferlent sur l'Asie et atteignent, en 1245, l'Anatolie. Leur pouvoir se délite. Ils perdent le contrôle des tribus installées aux frontières.

A la fin du XIIIe siècle, le *beylik* d'Osman, berceau du futur Empire ottoman, n'est qu'une petite enclave au nord-ouest de l'Anatolie, autour d'une bourgade : Soyut. Des émirats turcs importants – Germiyan, Sarukhan, Karesi – sont déjà constitués dans cette région. Toutes proches, les grandes villes byzantines Brousse, Nicée, Geyve, Nicomédie. C'est principalement vers l'ouest, vers la mer, vers l'Europe que se feront les premières conquêtes des Ottomans.

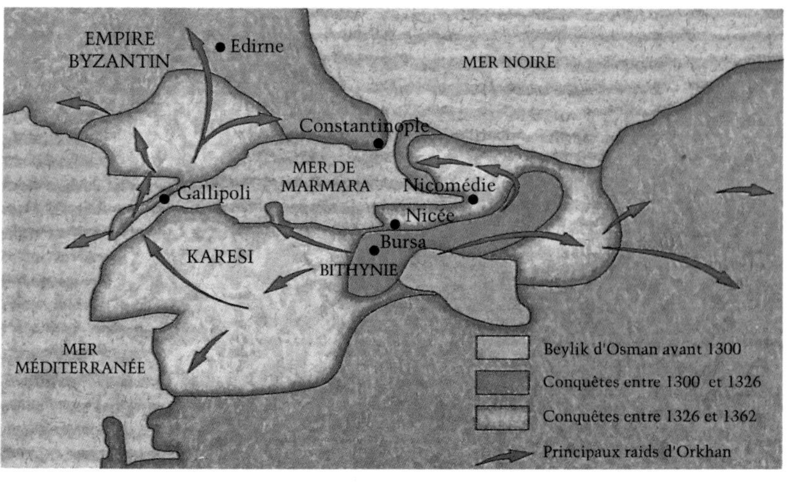

A la fin du XIIIe siècle, les tribus frontalières, que ne dominent plus les sultans de Konya, acquièrent une grande autonomie. Elles deviennent plus agressives, luttent contre les Byzantins, mais aussi entre elles pour agrandir leurs territoires.

Les Ottomans vivaient en tribus et pratiquaient la transhumance avec leurs troupeaux. C'étaient de farouches guerriers qu'entraînaient à la fois l'idée de la guerre sainte – contre les Grecs byzantins (ci-dessous) – et l'appât du butin. Osman (monnaie ci-dessus) sut canaliser leurs forces et sut, en même temps, favoriser la difficile transition entre la vie nomade et la vie citadine.

## Osman, le fils d'Ertogrul, qui succède en 1290 à son père, donne son nom à la dynastie ottomane

Osman est un chef particulièrement entreprenant. Il sort vainqueur des premiers accrochages avec les notables chrétiens et, d'escarmouche en escarmouche, son prestige grandit. Ses actions contre les Byzantins prennent l'allure d'une *jihad*, guerre sainte contre les infidèles : aux guerriers qui y participent sont promises de grandes récompenses célestes et ceux qui y périssent sont déclarés martyrs de la Foi. Des Turcs d'autres tribus se rallient à Osman, attirés par son dynamisme. En 1302, première date historiquement confirmée de la saga des Ottomans, il est vainqueur des Byzantins à Bapheus, près de Nicomédie. Progressivement, il étend son territoire en direction de la mer de Marmara, vers Brousse

et Nicée, aux dépens de ses voisins tant chrétiens que musulmans, et prend en même temps des mesures pour organiser l'espace qu'il a conquis. Des centres urbains anatoliens, des jurisconsultes islamiques et des gens de lettres le rejoignent et l'aident à jeter les bases d'une organisation étatique qui réponde aux exigences d'une situation nouvelle.

La ville de Brousse est investie en 1323 et devient la première capitale ottomane. Orkhan, le fils d'Osman (1323-1362), poursuit la progression vers l'ouest, tout en amorçant une première poussée vers l'est, vers Ankara. Il repousse les Byzantins, conquiert Nicée, Nicomédie, annexe l'émirat de Karesi et s'établit sur la rive méridionale des Dardanelles.

A l'instar des autres souverains turcs d'Anatolie, les Ottomans édifièrent dans les villes conquises de nombreux édifices à but religieux ou social : mosquées, *medrese*, soupes populaires, hôpitaux, bains, caravansérails, ponts, mais l'habitat sous la tente (ci-dessus) garda longtemps leur préférence.

Sa finesse politique lui permet de prendre pied en Europe en mettant à profit les querelles intestines qui divisent l'Empire byzantin. Jean V Paléologue, le nouvel empereur, est mineur et sa mère Anne de Savoie s'oppose à Jean Cantacuzène qui assure la régence. Orkhan offre son aide à ce dernier qui lui accorde, en 1346, la main de sa fille Théodora. Pour prêter main forte à leur allié, les Ottomans passent régulièrement l'Hellespont. Ils s'établissent ainsi en Thrace et, quelques années plus tard, en 1354, investissent Gallipoli. Ils sont en Europe, ils s'y maintiendront pendant près de six siècles.

C'est grâce à l'aide des Turcs que Jean Cantacuzène (à gauche, en empereur et en moine), évincé du pouvoir, avait pu retourner à Constantinople et se faire élire empereur. Mais un tremblement de terre ayant ébranlé les fortifications de Gallipoli, Sulayman, le fils d'Orkhan, en profita pour investir la ville. Forcé d'abdiquer, Jean Cantacuzène se retira dans un monastère.

## L'ascension des Ottomans se poursuit avec les successeurs d'Osman et d'Orkhan

Murad Ier (1362-1389), l'un des trois fils d'Orkhan, prend le pouvoir à la mort de son père. Son règne revêt une importance majeure : c'est le véritable fondateur de la puissance ottomane en Europe. En 1363, il s'empare d'Andrinople (Edirne) et en fait le centre du gouvernement. La ville devient un rayonnant foyer intellectuel et artistique à l'instar des grandes cités seldjuqides, car, tout en gardant une préférence pour l'habitat traditionnel sous la tente, les Ottomans s'adaptent rapidement à la vie citadine. Murad occupe ensuite la Macédoine, la Thrace orientale et la Bulgarie. Sur les frontières de l'est, il repousse les principaux ennemis des Ottomans : les émirs de Karaman. Son œuvre administrative est tout aussi remarquable. On lui doit les bases de l'Etat ottoman dont on verra l'apogée au XVIe siècle. Il met en place une administration centralisée, dote son armée d'un nouveau corps d'infanterie – les janissaires – et assure le contrôle et la gestion des pays conquis. Il est également le premier à s'arroger dans sa titulature le titre de Sultan.

Murad Ier était un homme avisé et audacieux, un valeureux chef de guerre qui avait la confiance des *ghazi* et un fin politique qui sut s'implanter définitivement en Europe.

Son fils, Bayazid Ier (1389-1402) surnommé Yilderim – «la Foudre» –, achève d'annexer tous les

émirats turcs d'Anatolie occidentale et centrale à l'exception de celui de Karaman. L'avancée des Ottomans en Europe les porte aux frontières de la Hongrie, ce qui déclenche un appel à la croisade, lancé par le roi Sigismond soutenu par le pape Boniface. Stupeur : les croisés sont écrasés à Nicopolis, en Bulgarie, en 1396 et les Turcs conquièrent une aura d'invincibilité qui impressionnera l'Occident durant des siècles.

## Tamerlan porte un coup d'arrêt à l'expansion ottomane

Vainqueur à l'ouest, Bayazid Ier doit cependant affronter à l'est un redoutable adversaire. Une nouvelle vague turco-mongole déferle alors sur le monde oriental, conduite par Timur-Leng – Tamerlan le Boiteux. Après avoir envahi l'Iran, l'Iraq et la Syrie, ses hordes de guerriers se retrouvent face aux

Lors de la bataille de Nicopolis (ci-dessus), les chevaliers français «se lancèrent à l'assaut. L'avant-garde et les premières lignes turques cédèrent, mais ce faisant, Bayazid laissait s'enfoncer et s'épuiser la cavalerie franque, finalement arrêtée et dispersée par l'élite de ses troupes massées autour de lui, au sommet d'une colline. La panique qui saisit alors les Français fut aussitôt mise à profit par la cavalerie ottomane» (Nicolas Vatin).

Turcs en Anatolie orientale. Le choc a lieu à Ankara en 1402. Bayazid Ier, vaincu, est fait prisonnier avec l'un de ses fils. La situation est grave. Non seulement l'Empire ottoman perd ses conquêtes en Anatolie, mais un interrègne de dix années, durant lequel s'opposent les successeurs présomptifs du sultan, le mène au bord de la dislocation.

Tout est à refaire : l'unité politique, la réintégration des émirats d'Anatolie, le renforcement des positions en Europe. Car une forte opposition se manifeste : l'action courageuse de patriotes – Jean Hunyady en Hongrie, Skanderbeg en Albanie – galvanise la résistance contre les Ottomans tandis que Byzance, dans un dernier sursaut, tente de se rapprocher de Rome et de s'entendre avec Venise et la Hongrie. Deux souverains énergiques, Mehmed Ier (1413-1421) et Murad II (1421-1451), s'emploient à redresser la situation. Ils laissent à leur successeur, Mehmed II, le futur conquérant de Constantinople, un empire à nouveau unifié et qui s'est encore agrandi vers l'est et vers l'ouest.

« Intelligent, entreprenant et rapide, doté d'un esprit ouvert mais dominateur et peu soucieux de l'opinion », Bayazid (à gauche), à la fin de 1401, est au sommet de sa puissance. Mais sa défaite à Ankara remet en cause toute son œuvre et il meurt misérablement, en captivité.

Tamerlan (ci-dessous) régnait par la terreur.

A l'encontre des préceptes du Coran qui recommandent l'anonymat des sépultures, les souverains et dignitaires islamiques firent élever de somptueux tombeaux qui perpétuaient leur gloire. C'est à Brousse que Bayazid Yilderim fit édifier le sien entre 1391 et 1395. Après la mort du sultan en captivité en 1403, Tamerlan livra son corps à l'un de ses fils Musa. Mais la guerre civile déchirait l'Anatolie et Musa enterra simplement son père près du complexe. Le mausolée ne fut élevé qu'en 1406 par Sulayman Celibi, un autre fils de Bayazid, ainsi que l'atteste l'inscription placée sous le portique : «Ceci est le tombeau du sultan bienheureux, à qui l'on souhaite la miséricorde et l'indulgence de Dieu, Bayazid Khan, fils de Murad Khan. Le très grand sultan, le maître des rois des Arabes et des Persans. Sulayman Khan, fils de Bayazid Khan, que Dieu perpétue son pouvoir, l'a construit le premier muharram 809 [18 juin 1406].» Le mausolée fut saccagé en 1414, restauré par Mehmed II, puis détruit par un tremblement de terre en 1855 et entièrement reconstruit depuis (ci-contre).

Il ne manque aux Ottomans qu'une capitale prestigieuse. En 1453, Mehmed II s'empare de Constantinople, scellant définitivement le destin de Byzance. Au cours du XVIe siècle, Selim Ier et Soliman le Magnifique donnent à l'Empire sa plus grande extension sur l'Europe, l'Asie et l'Afrique. A l'est, il atteint désormais la mer Caspienne et le golfe Persique ; de la Bosnie à l'Algérie, les côtes de la Méditerranée sont rives ottomanes et la mer Noire est devenue une mer intérieure.

CHAPITRE II

# L'APOGÉE DE L'EMPIRE

Le 29 mai 1453, Mehmed II fit une entrée triomphale dans Constantinople (à gauche). Il traversa la ville à cheval jusqu'à la basilique Sainte-Sophie où il fit célébrer la prière.

## S'emparer de Constantinople, s'approprier la capitale et l'héritage de Byzance est le rêve des Ottomans

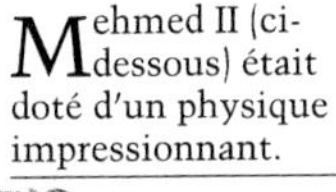

Mehmed II (ci-dessous) était doté d'un physique impressionnant.

En 1452, Mehmed II (1451-1481) entreprend minutieusement l'assaut de la ville. Il commence tout d'abord par verrouiller le Bosphore en érigeant sur la rive européenne, à l'endroit le moins large du détroit, une forteresse, *Rumeli Hisarï*. En face, sur la rive asiatique, se dresse celle qu'a édifiée Bayazid Ier : *Anatoli Hisarï*. Munies d'énormes canons, les deux forteresses commandent le passage des navires.

Après avoir passé trois jours à examiner les fortifications, le 2 avril 1453, Mehmed II commence le siège de Constantinople, il rassemble ses troupes européennes et asiatiques, ses canons et ses machines de siège et encercle la ville. Seuls quelques Génois et Vénitiens viennent au secours des Grecs. Après deux mois de violents combats, en dépit de l'héroïque résistance de ses défenseurs, Constantinople, affamée, exsangue, succombe le 29 mai et le dernier empereur byzantin trouve la mort dans la mêlée des ultimes combats.

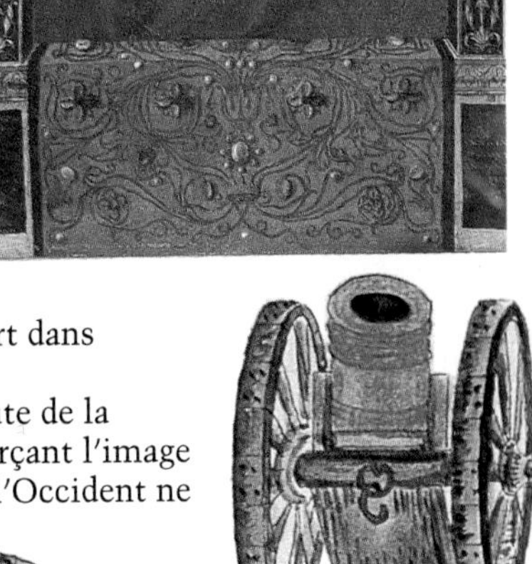

En Europe, le retentissement de la chute de la capitale est énorme, accréditant et renforçant l'image du Turc sanguinaire et invincible. Mais l'Occident ne bouge pas. Mehmed II, auréolé du titre de *fethi*, le Conquérant, entre directement dans la légende.

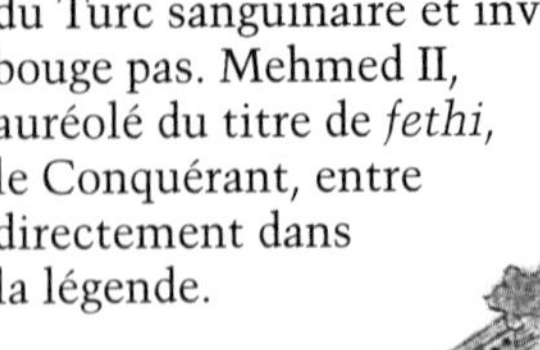

Pour prendre la ville, le sultan engagea un fondeur hongrois renommé qui fit couler des canons d'une taille inouie.

## Le bâtisseur d'empire

Le souverain se donne les moyens d'une politique accrue d'expansion. Il renforce sa flotte, augmente la puissance de son armée et la dote d'une artillerie perfectionnée. Il étend son empire sur le Péloponnèse, l'Albanie, la Bosnie et la Moldavie. Venise, harcelée sans arrêt, à bout de souffle, doit signer un traité par lequel les deux belligérants s'engagent mutuellement à rétrocéder un certain nombre de territoires conquis, mais la République doit promettre également, pour la première fois, de payer tribut tous les ans en échange de la liberté de commercer avantageusement dans tout l'empire. En Anatolie, l'émirat de Karaman est enfin annexé et les rives de la mer Noire passent sous contrôle ottoman.

Après avoir pacifié l'Anatolie, Mehmed II put se consacrer à la prise de Constantinople. En effet, ce petit Etat marchand enclavé dans ses possessions, même s'il était réduit à une peau de chagrin, gênait les communications des Ottomans. Mehmed II procéda par étapes. Pour s'attaquer efficacement aux puissantes fortifications (ci-contre), il décupla la puissance de feu de son artillerie. Puis il se constitua une flotte importante. Enfin, il assiégea la ville. Cependant les murailles résistaient et les navires turcs ne purent s'infiltrer dans le goulet de la Corne d'or que fermait une énorme chaîne. Ne pouvant vaincre par mer, Mehmed II fit alors tirer ses navires sur le sable, du Bosphore à la Corne d'or, et une fois dans le chenal, établit un pont de bateaux pour le passage des troupes. L'encerclement de la ville était achevé.

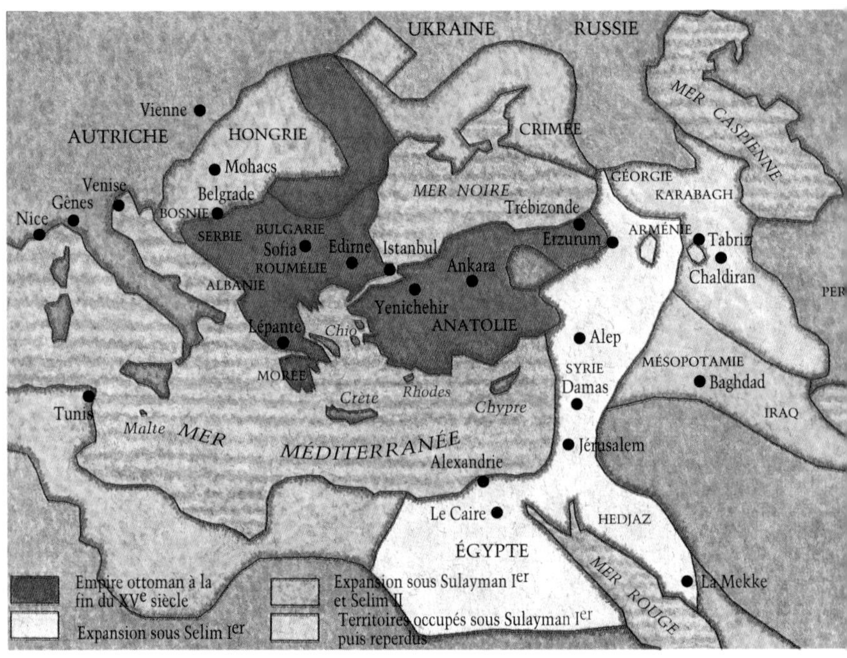


L'œuvre de Mehmed II ne se limite pas aux conquêtes militaires. Après la chute de Constantinople, il fait arrêter les pillages avant la fin des trois jours auxquels les troupes ont droit et s'emploie à reconstruire et à repeupler rapidement sa nouvelle capitale, qui prendra le nom d'Istanbul. L'intégration dans le système ottoman de nouvelles populations régies par d'autres lois et coutumes ancestrales pose des problèmes d'ordre législatif et administratif. Dans son *Kanunname*, recueil de lois séculières rédigé sur la fin de son règne, Mehmed II s'efforce d'instaurer un système cohérent à l'échelle de l'empire. Il édicte des lois nouvelles, mais incorpore également des règlements des règnes antérieurs et conserve nombre de traditions reprises aux législations des pays conquis. Il donne aussi aux confessions non musulmanes une organisation centralisée à la tête de laquelle se trouvent les patriarcats grec et arménien basés à Istanbul.

La prise de Constantinople permit à Mehmed II de constituer une entité plus compacte de son empire (ci-dessus). Il devient une puissance redoutable, à cheval sur deux continents, et ses possibilités d'expansion augmentèrent d'autant, possibilités qui furent mises à profit par les successeurs du Conquérant. Déjà apparaît le caractère cosmopolite de cet empire qui regroupa sous une même autorité centrale des peuples et des ethnies multiples et variés.

## L'Empire ottoman semble bien établi, mais une situation explosive se développe au début du XVI^e^ siècle

Bayazid II (1481-1512), fils du Conquérant, s'impose à son frère Djem, rétablit l'ordre dans l'empire secoué lors des conflits de succession, contient les Mamluks qui règnent en Egypte-Syrie et poursuit en Europe une politique d'expansion tout en développant des relations diplomatiques avec la Pologne, la Hongrie, Venise et la France. Cependant, à l'est de la péninsule, le climat se détériore dangereusement. Les populations, restées fidèles à leurs princes, n'ont toujours pas admis leur rattachement à l'empire ottoman, en particulier leur assujettissement à ses lois fiscales. A nouveau, le Karaman se soulève, des révoltes violentes contre le pouvoir central agitent les tribus demeurées semi-nomades, révoltes fomentées ou attisées par les nouveaux souverains de l'Iran, les Safavides, farouches adversaires des Ottomans. L'Anatolie est en voie de décomposition.

Istanbul l'Ottomane garda la même position privilégiée que la capitale byzantine.

Vaincu, Djem, le frère de Bayazid, se réfugia à Rhodes auprès des chevaliers de Saint-Jean (ci-dessous), puis en France.

## Selim Ier (1512-1520) prend le pouvoir dans cette période de crise cruciale

Il est l'homme de la situation : excellent administrateur, valeureux chef de guerre, c'est aussi un personnage avisé et secret qui n'honore de sa confiance que de rares compagnons éprouvés.
Sa violence proverbiale – il bat ses ministres, fait

« Excellent chef de guerre, administrateur intègre, sunnite irréprochable, peu enclin au luxe et aux plaisirs, [Selim] était aussi un homme de vaste culture, grand lecteur aux yeux chaussés de lunettes qui versifiait en persan. »
J.-L.Bacqué-Grammont

Après de sanglantes révoltes en Anatolie fomentées par Shah Ismaïl, alors que Ahmed, un des fils de Bayazid II, se proclamait sultan, les janissaires se soulevèrent, exigeant la reconnaissance de leur favori, Selim, comme héritier du trône. Bayazid II abdiqua en sa faveur le 10 juin 1512. Un an après son avènement, Selim avait fait exécuter tous les prétendants au trône. Ne restaient que lui et son fils Sulayman.

voler les têtes des hauts dignitaires – lui a valu, de son vivant même, le surnom de *Yavuz*, «le Terrible».

Selim restaure le pouvoir impérial puis concentre ses forces contre Shah Ismaïl. Les souverains sont tous deux des Turcs. L'Ottoman, sunnite, se réclame de la *sunna* – tradition – du prophète Muhammad. Le Safavide descend d'une lignée de sheikhs d'une confrérie religieuse sufi (mystique) et se rattache au shi'isme, le plus grand schisme de l'islam, qui regroupe les partisans d'Ali, cousin du Prophète, époux de sa fille Fatima. Les Turcs d'Anatolie orientale sont fanatisés par ce souverain qui parle leur langue et qui intègre, dans son islam hétérodoxe et syncrétique, d'anciennes croyances chamaniques des steppes d'Asie centrale. Ils se reconnaissent dans l'Etat qu'il a créé en Azerbaïdjan alors qu'ils se sentent coupés du monde ottoman qu'ils jugent trop éloigné de ses origines.

C'est sous le califat d'Ali (651-656) (ci-dessus), gendre et successeur du prophète Muhammad, qu'éclata le shisme qui divise le monde musulman. Les shiites, ses partisans, ne reconnaissent comme imams, guides de la communauté, que leurs descendants. Le shiisme se subdivise en plusieurs branches. Avec les Safavides, il devint religion d'Etat en Iran.

En 1514, Selim part en campagne contre le Shah. C'est le début de longues guerres qui, jusqu'au XVIIIe siècle, vont opposer les deux puissances.

Pour Selim, la pacification de l'Anatolie passait par l'élimination du Shah.

## Vainqueur à Chaldiran, Selim pousse jusqu'à Tabriz, la capitale safavide

Après la sanglante bataille de Chaldiran (ci-dessus), Selim investit Tabriz, la capitale safavide, sans combat. Il s'empara d'un butin précieux, dont de somptueux manuscrits et emmena avec lui à Istanbul un certain nombre d'artistes et d'artisans qu'il installa dans les ateliers impériaux. L'influence persane pénétra ainsi profondément l'art ottoman, en particulier dans le domaine de la miniature.

L'armée ottomane est remarquablement préparée, bien équipée, soutenue par la plus puissante artillerie de son époque. Les troupes du Shah, en revanche, ne disposent que de fort peu de canons ou d'arquebuses, mais leur courage, leurs qualités guerrières, leur opiniâtreté au combat en font de redoutables adversaires.

Les deux armées se rencontrent dans la plaine de Chaldiran, au nord-est du lac de Van en Anatolie. Le choc est effroyable, l'artillerie ottomane provoque des ravages. Maître du terrain, Selim fait exécuter tous les prisonniers et s'élance à la poursuite du Shah. Il arrive jusqu'à Tabriz qu'il investit. Mais les circonstances de cette poursuite marquent durement l'armée ottomane : conditions climatiques effroyables, terres dévastées, problèmes graves d'approvisionnement, de logistique et surtout harcèlement incessant des Kizilbachs, farouches partisans du Shah, qui ne s'avouent jamais vaincus. Les janissaires refusent d'aller de l'avant et Selim doit s'en retourner. Son objectif initial, la pacification de l'Anatolie, a été atteint, mais l'armée n'oubliera pas cette campagne d'Iran.

## Selim s'oppose aux Mamluks, s'empare de l'Egypte et prend pied sur le continent africain

Maîtres de l'Egypte, de la Syrie-Palestine et d'une partie de l'Anatolie méridionale et centrale, les Mamluks représentent, au début du XVIe siècle, la plus forte puissance islamique. Ils contrôlent les lieux saints d'Arabie; et le calife, successeur du Prophète à la tête de la communauté islamique, réside au Caire. S'il ne joue plus de rôle politique, il n'en demeure pas moins le chef spirituel de l'islam sunnite et de nombreux souverains viennent auprès de lui se faire confirmer leur investiture.

Dans son projet d'unification de l'Anatolie, Selim Ier est gêné par les possessions mamlukes et redoute qu'en dépit de leur antagonisme Shah Ismaïl et Qansuh al-Ghawri, le sultan mamluk, ne s'unissent contre lui. Il opère alors par ruse, amène celui-ci à quitter l'Egypte, écrase son armée au nord d'Alep en 1516 et s'empare ainsi sans coup férir de la Syrie. En janvier 1517, il pénètre au Caire mettant fin à deux siècles et demi de domination mamluke. Il reprend toutes leurs prérogatives et recueille même la succession et le titre du calife emmené à Istanbul (et dont on n'entendit plus parler).

Selim Ier meurt en septembre 1520 à l'issue d'une brève maladie. Il a reçu en 1512 un Etat au bord de la désintégration, il remet, huit ans après, aux mains de son fils Sulayman, un empire en pleine expansion qui s'étend sur l'Europe, l'Asie et l'Afrique.

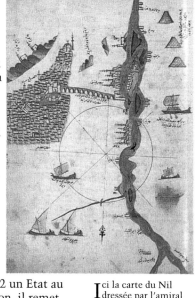

Ici la carte du Nil dressée par l'amiral Piri Re'is, après la prise du Caire par les Ottomans.

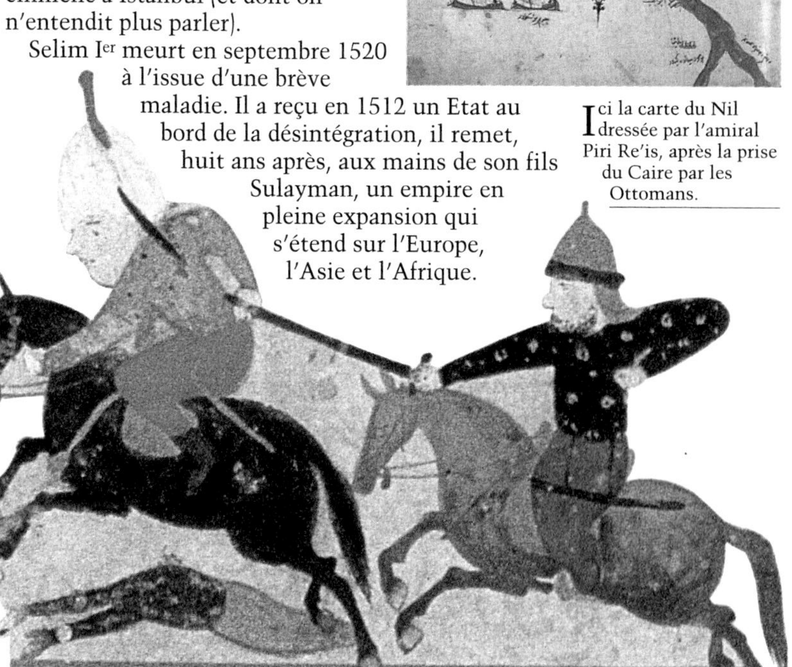

## Sulayman inaugure le règne le plus long de l'empire (1520-1566)

Selim laisse un fils digne de lui succéder. Chroniqueurs et peintres ottomans et européens se sont plu à décrire la personnalité de ce souverain dont le règne exceptionnellement long correspond à l'âge d'or de l'Empire ottoman. Soliman est dépeint comme un homme juste, sage, profondément religieux, d'une grande valeur morale, un homme avisé qui pèse ses décisions, fidèle à ses engagements qui, vers la fin de sa vie, mena une vie d'ascèse. On l'accuse cependant de faiblesse vis-à-vis de sa femme Hurrem Sultane, la belle Roxelane, et de son favori Ibrahim dont il a fait son grand vizir. On lui reproche surtout la mort de deux de ses fils sacrifiés pour raison d'Etat.

Sulayman n'a que vingt-cinq ans à la mort de son père, mais il témoigne d'emblée de son aptitude à gouverner. Il s'impose à l'armée, fait respecter son autorité dans les provinces, n'hésitant pas à juguler par les armes toute tentative de révolte.

Il se veut le souverain de tous les peuples soumis à son pouvoir quelle que soit leur appartenance ethnique ou religieuse. Les différentes mesures administratives prises au cours de son règne accréditent sa réputation de «Grand Seigneur» juste et clément. Certes, il bénéficie du travail important déjà élaboré sous l'impulsion de ses prédécesseurs, mais c'est au cours de son règne que l'organisation spécifique de l'empire, dans tous les domaines, atteint son stade de maturité. L'ampleur de son œuvre administrative lui a valu le titre de *Kanuni*, le Législateur.

Sulayman était grand et mince. Son nez aquilin, son menton aigu et de grands yeux noirs dominateurs lui donnaient un aspect sévère. Roxelane, elle, n'était «point belle mais gracieuse»; sa nature enjouée lui valut le surnom de *Hurrem*, la Joyeuse.

Un duel titanesque oppose Soliman le Magnifique et Charles Quint, empereur qui réunit sur sa tête les couronnes d'Espagne, des Deux-Siciles, des Pays-Bas et d'Autriche. Catholique intransigeant, il estime de son devoir de prendre la tête de la lutte contre les infidèles. Soliman fait preuve, dès les premières années de son règne, de son zèle conquérant en s'emparant de Belgrade. De son côté, Charles Quint veut faire de la Méditerranée occidentale une mer espagnole et vise le Maghreb. Il possède plusieurs escadres, s'est assuré les services de l'illustre capitaine génois Andrea Doria, obligeant ainsi Soliman à développer sa puissance navale. Le sultan, cependant, a un immense avantage sur son adversaire. Alors que Charles Quint doit tenir compte, en ses Etats, d'une féodalité turbulente, jalouse de ses privilèges, qu'il est la proie des banquiers et rassemble péniblement la paye de ses mercenaires, Soliman dispose d'immenses ressources, d'impôts régulièrement perçus par un Etat centralisé, qui lui permettent d'entretenir une armée permanente et régulière.

## «Prince» de la Renaissance

Dans l'Europe du XVIe siècle bouillonnante d'activité où rois et empereurs rivalisent de prestige, Soliman s'impose par sa majesté. Le vocable «le Magnifique», que lui décerne l'Occident, ne s'applique pas seulement au faste de sa cour, au rôle primordial qu'il joue dans l'épanouissement artistique et culturel de son époque, mais au personnage lui-même, à sa noblesse de caractère, à ses exceptionnelles qualités d'homme et de chef d'Etat.

Soliman entretient des rapports personnels avec différents souverains, François Ier en particulier. Dans le duel de géants qui l'oppose à Charles Quint pour la suprématie de l'Europe de l'Est et de la Méditerranée, il sait que l'appui de ceux qui ont eu à pâtir de son adversaire peut lui être profitable. C'est ainsi que naît la paradoxale alliance du roi très chrétien François Ier et du «Grand Seigneur», et que Français et Turcs participent à huit campagnes navales communes dont le siège, en 1544-1545, de Nice, alors possession savoyarde.

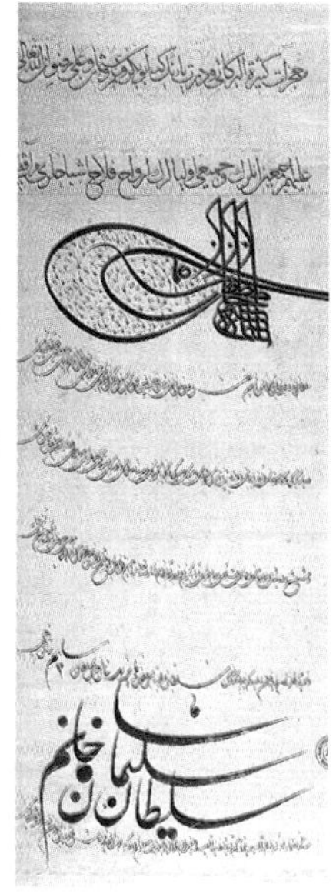

Les premiers échanges de lettres entre François Ier (ci-contre) et Soliman le Magnifique se firent au lendemain de la défaite de Pavie, lors de la captivité du roi de France. Dans la lettre ci-dessus, datée du 6 avril 1536, «Soliman rend compte [entre autres] à son allié, François, de la réception par le divan de l'ambassadeur Jean de la Forêt et prend acte de l'innovation diplomatique que représente l'installation d'un ambassadeur permanent auprès de la Sublime Porte» (Gilles Veinstein).

## Parachevant l'œuvre de ses prédécesseurs, Sulayman pénètre plus avant en Europe tandis qu'il acquiert la maîtrise de la Méditerranée orientale

Sulayman a saisi d'emblée l'importance de la Hongrie pour le développement et le maintien des positions turques en Europe. En une campagne éclair – mai-juin 1521 –, il s'empare de Belgrade et de plusieurs forteresses des alentours. Il concentre ensuite ses forces sur Rhodes, où les chevaliers de l'ordre de Saint-Jean de Jérusalem se sont établis en 1309 et dont ils ont

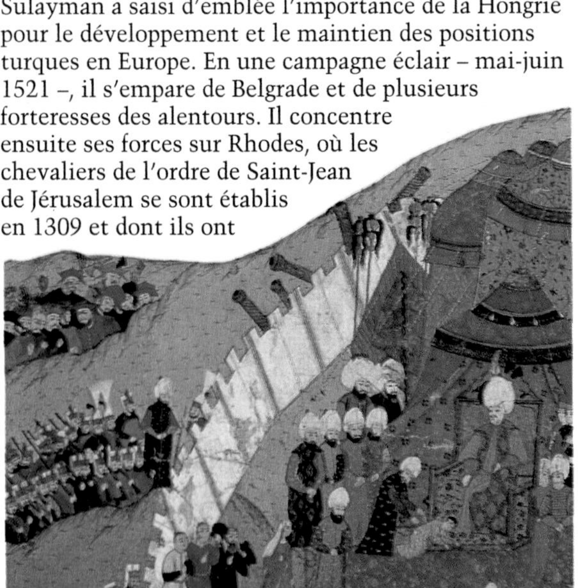

A peine avait-il accédé au trône que Soliman fit la démonstration de ses aptitudes militaires. Il prit effet d'incidents diplomatiques – l'ambassadeur ottoman ayant été traité de façon discourtoise par Louis II de Hongrie – pour entraîner son armée dans une guerre qui devait lui redonner confiance en elle-même et ranimer son humeur belliqueuse par l'appât du butin. L'expédition fut préparée en secret et son but révélé uniquement au départ du sultan d'Istanbul. L'armée atteignit rapidement Sofia qui dut fournir avec deux autres villes 10 000 voitures de blé et d'orge, puis se dirigea sur Belgrade. Les assauts se succédèrent durant trois semaines (ci-dessus), mais la ville ne succomba que lorsqu'un renégat conseilla à Soliman de faire sauter la plus grande tour de la place. Belgrade était une des villes fortifiées les plus importantes de l'Europe orientale, considérée comme la «porte de la Hongrie». Soliman détenait ainsi un atout majeur qui devait lui faciliter la conquête du pays.

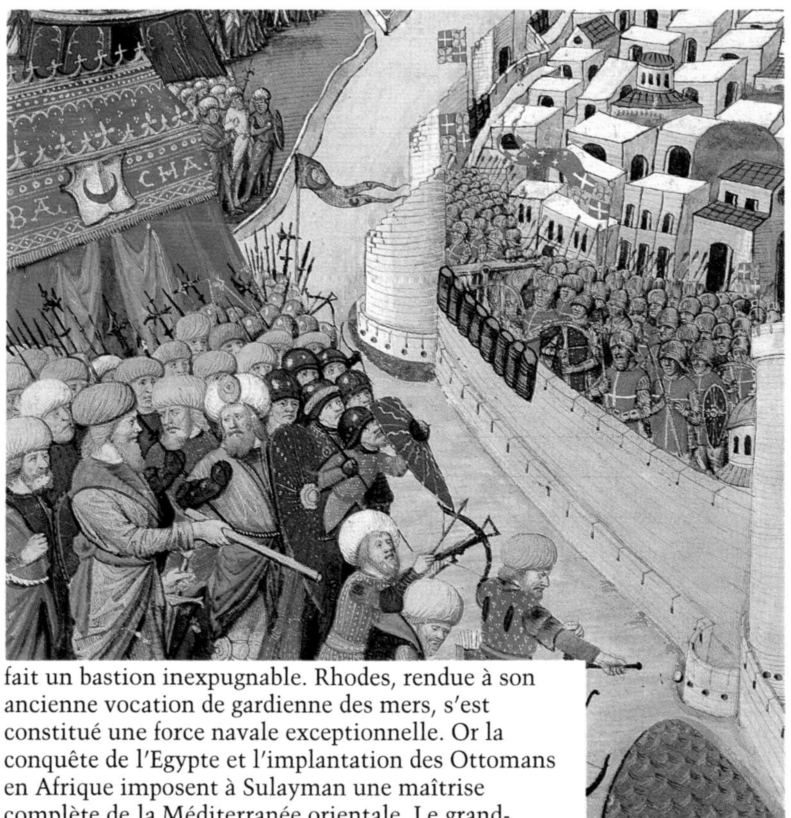


fait un bastion inexpugnable. Rhodes, rendue à son ancienne vocation de gardienne des mers, s'est constitué une force navale exceptionnelle. Or la conquête de l'Egypte et l'implantation des Ottomans en Afrique imposent à Sulayman une maîtrise complète de la Méditerranée orientale. Le grand-maître Villiers de l'Isle-Adam l'a justement pressenti. Le 28 octobre 1521, il écrit à François Ier une lettre pressante et le roi lui envoie une flotte de soutien. Mais la guerre contre l'Espagne a elle aussi ses impératifs et la flotte en question est finalement détournée à son usage.

Au bout de cinq mois de siège, le 20 décembre 1522, Sulayman s'empare de Rhodes. L'héroïque défense des chevaliers et des habitants de l'île a forcé l'admiration de leurs adversaires qui leur accordent les honneurs de la guerre. Villiers de l'Isle-Adam et ses hommes évacuent l'île et la Méditerranée orientale devient un lac ottoman.

Le 28 juin de la même année, il est devant Rhodes (ci-dessus) avec 700 navires (selon les Ottomans), 100 000 hommes, près de 100 bouches à feu dont 12 canons monstrueux. Alors que le grand-maître de l'ordre ne dispose que de 7 000 hommes.

## La période la plus brillante du règne de Sulayman correspond au grand vizirat de Ibrahim Pacha

D'origine grecque, entré comme page au service de Sulayman, Ibrahim le séduit par sa prestance, son intelligence, sa vivacité d'esprit et devient rapidement son compagnon inséparable. Alors souverain, Sulayman, en 1523, le nomme grand vizir et l'année suivante lui donne sa sœur Hadice en mariage. Cette ascension fulgurante à la dignité la plus haute de l'empire sans passer par les échelons intermédiaires suscite de nombreuses jalousies autant que fait jaser l'amitié particulière que le sultan lui témoigne.

Ibrahim Pacha donne rapidement la mesure de ses capacités. Envoyé en mission en Egypte après le soulèvement d'Ahmed Pacha, il lui suffit d'un an pour rétablir l'ordre intérieur, réprimer les abus des précédents gouverneurs et doter l'Egypte d'une administration modèle. Les hostilités ayant repris contre la Hongrie, Sulayman le rappelle d'urgence à Istanbul.

Plusieurs raisons poussent le sultan à attaquer la Hongrie. Charles Quint fait peser sur lui une menace permanente. Par ailleurs, il vient de mater sévèrement une révolte des janissaires. Les mener à la bataille avec l'espoir

Elevé à l'école du palais d'Istanbul, avide de s'instruire, Ibrahim Pacha (ci-dessus) parlait et lisait le persan, l'italien et le turc, aussi bien que le grec.

d'un butin est le plus sûr moyen de les calmer. La campagne est brève. Les armées hongroises et ottomanes se rencontrent dans la plaine de Mohacs en 1526. Les Hongrois sont décimés, Louis II périt dans la bataille et Sulayman s'empare facilement de la capitale Buda. Le royaume hongrois devient tributaire des Ottomans.

Cette victoire auréole de gloire Sulayman et son grand vizir qui, à la tête de leurs troupes, ont combattu vaillamment. En Europe, le retentissement est énorme. Nul n'a aidé la Hongrie, mais personne non plus n'a cru que l'Ottoman pouvait pénétrer si avant en Europe.

Louis II de Hongrie attendait Soliman dans la plaine de Mohacs (à gauche). La stratégie ottomane avait été définie la veille de la bataille : ouvrir les rangs pour laisser pénétrer la cavalerie ennemie, puis l'encercler. Emportés par leur fougue, espérant s'emparer du sultan, les chevaliers chrétiens se précipitèrent dans le piège et se firent décimer par l'artillerie ottomane. Les survivants s'enfoncèrent dans les marais où nombre d'entre eux, empêtrés dans leur lourde armure, périrent noyés. Louis II se trouvait parmi eux. Retournant à Istanbul, Soliman apprend qu'en son absence, une révolte a soulevé l'Anatolie. Huseyn Pacha, beylerbey de Sivas, a tué le chef rebelle, mais il a été mortellement blessé (ci-contre).

## Sulayman assiège Vienne

Des troubles en Hongrie provoquent, en 1529, le retour des Ottomans qui, Buda reconquise et malgré la saison avancée, se dirigent sur Vienne et, le 27 septembre 1529, assiègent la ville. Les Autrichiens ne disposent que de 20 000 soldats et de 72 canons, mais la défense de la ville est remarquablement organisée. Le monde chrétien retient son souffle. Les bombardements sont incessants. Vienne résiste. Dans le camp ottoman, la mauvaise saison affecte le moral des troupes, les vivres et les munitions commencent à manquer, les janissaires murmurent. Après un dernier assaut meurtrier qui se brise sur la résistance inébranlable des assiégés, Sulayman doit lever le siège.

Lorsque Soliman et Ibrahim décidèrent de marcher sur Vienne, le comte Nicolas de Salmes, qui tenait la ville, galvanisa les assiégés aidés par des troupes de Charles Quint, de Bohême et d'Espagne. Leur courage, leur obstination vinrent à bout des offensives turques (à gauche). L'hiver approchait et Soliman dut lever le siège. Pour conquérir Vienne, il aurait fallu le faire rapidement. Le climat et l'éloignement jouèrent contre les Ottomans. La capitale autrichienne marquait l'extrême limite que pouvait atteindre leur armée.

## La «campagne des deux Iraq» et la chute du grand vizir

Shah Tahmasp, fils et successeur de Shah Ismaïl, s'étant compromis dans des affaires de politique intérieure anatolienne, Sulayman veut profiter de cette reprise des hostilités pour s'emparer de l'Iraq. Cette «campagne des deux Iraq», comme on devait l'appeler, qui dure deux ans, est l'une des causes de la chute du grand vizir.

Au lieu de marcher directement sur Baghdad, Ibrahim Pacha s'aventure en Azerbaïdjan et s'empare de Tabriz. Mais il manque de préparation pour une telle campagne et doit faire appel à Sulayman qui le rejoint avec une armée de secours. Comme Shah Tahmasp pratique la politique de la «terre brûlée» et demeure insaisissable, les Ottomans se dirigent finalement sur Baghdad où le sultan pénètre en novembre 1534. Le but premier est atteint mais les pertes sont considérables.

Le plan de Tabriz (ci-dessous) est l'une des multiples illustrations à caractère topographique du *Livre de route* de l'historien Matrakji Nasuk qui relata la «campagne des deux Iraq».

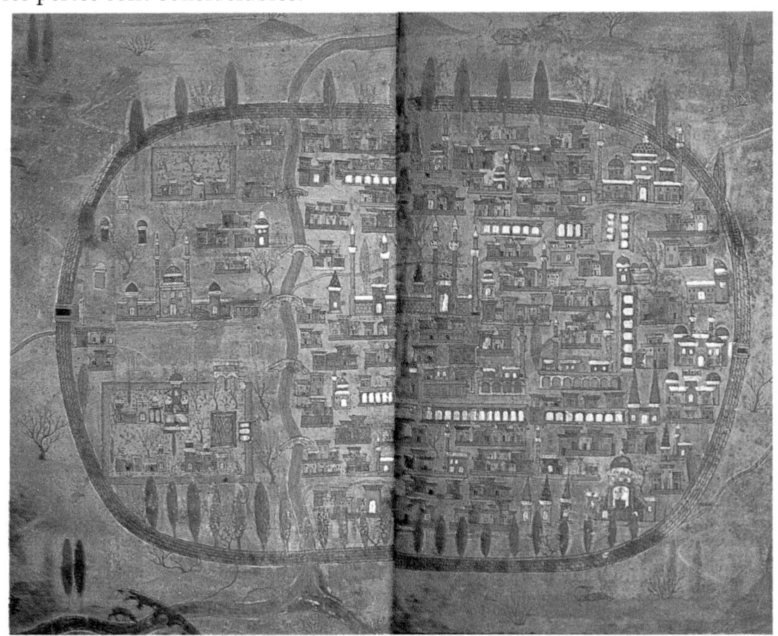

Au début de janvier 1536, Sulayman est de retour à Istanbul. Le grand vizir semble encore tout-puissant. Mais, quelque temps après, dans la nuit du 14 au 15 mars, il est discrètement assassiné. La sourde campagne menée contre Ibrahim par Roxelane et d'autres dignitaires jaloux de sa faveur influença peut-être la décision de Sulayman, mais nul doute que l'incommensurable orgueil du grand vizir et les désastreux effets de la «campagne des deux Iraq» pesèrent lourdement sur la décision du souverain.

“La mort d'Ibrahim Pacha clôt la première partie du règne de Sulayman au cours de laquelle deux limites extrêmes de l'expansion ottomane à l'ouest et à l'est ont été atteintes.”

J.-L. Bacqué-Grammont

## De 1536 à sa mort, en 1566, Sulayman poursuit son activité de chef de guerre

Les Ottomans atteignent les confins de la Pologne et les bouches du Dniepr, conquièrent la Georgie et les rives orientales de la mer Noire, accèdent au golfe Arabo-Persique, débouché commercial d'une grande importance, s'installent à Aden et au Yémen et s'implantent solidement en Afrique du Nord.

Cependant, les dernières années du règne de Soliman sont assombries par des

Soliman n'affronta jamais directement Charles Quint mais, après la campagne victorieuse de 1543, il conclut avec Ferdinand, en 1547, un traité auquel Charles apposa sa signature. L'Autriche, obligée à un tribut annuel, se reconnaissait ainsi tributaire de la Porte.

Les rois de Pologne Sigismond Ier (1506-1548) et Sigismond Auguste (1548-1572) que l'on voit ici reçu par Soliman, étaient les alliés des Ottomans depuis le règne de Selim Ier. La Pologne jouait un rôle important dans le commerce de l'empire. Elle lui fournissait de nombreux articles et servait de transit pour les produits du Grand Nord particulièrement appréciés des Ottomans : fourrures somptueuses qui doublaient les vêtements de soie et de drap, ivoire de morse – inscrusté d'or pour les parures – et oiseaux de proie, tel le gerfaut. L'art de la fauconnerie a toujours été à l'honneur dans le monde islamique.

drames familiaux : perte de son épouse bien-aimée Roxelane, mort de trois de ses fils dont deux, Mustafa en 1553 et Bayazid en 1561, exécutés sur ordre de leur père, pour raison d'Etat. Le seul fils qui lui reste, Selim, est un ivrogne incompétent. Le souverain mène une vie d'ascète, sa santé est chancelante, il souffre de la goutte. En 1566, néanmoins, il entreprend une dernière «campagne auguste», la treizième, déclenchée par le refus de l'Autriche de payer tribut. La mort le surprend, alors qu'il assiège Szigetvar. Deux jours plus tard, la ville est prise.

## Après la mort de Soliman, l'Empire ottoman se maintient sur sa lancée grâce au grand vizir Sokullu Pacha

L'incompétence de Selim II qui succède à son père est heureusement contrebalancée par l'action énergique de Sokullu Mehmed Pacha. Nommé grand vizir en 1564 par Sulayman, il demeure en charge quatorze années, assurant la stabilité de l'Empire et sa continuité avec les règnes précédents.

Le grand vizir cacha la mort de Soliman (ci-dessous) jusqu'à l'arrivée de Selim, l'héritier.

Cependant, en dépit des réserves du grand vizir, Selim II entreprend en 1571 la conquête de Chypre, ce qui entraîne la formation d'une alliance entre Venise, Pie V et l'Espagne : la Ligue. La flotte de la Ligue que commande Juan d'Autriche, fils naturel de Charles Quint, rencontre à Lépante dans le golfe de Corinthe, le 5 octobre 1571, les forces ottomanes dirigées par le grand amiral Muezzindade Ali Pacha. A la suite d'une brillante manœuvre de Juan d'Autriche, la flotte ottomane, en dépit de sa supériorité numérique – 230 galères –, est presque complètement détruite.

L'impact psychologique de cette victoire est plus important que la victoire elle-même. C'est le mythe de l'invincibilité ottomane qui est ébranlé, et l'effet

Don Juan (ci-dessus) n'avait que vingt-six ans quand il fut nommé amiral de la flotte de la Ligue. Cette alliance contre le Turc fut proclamée le 25 mai 1571 à la basilique Saint-Pierre de Rome (ci-contre). Don Juan quitta Madrid pour l'Italie, où le Génois Jean André Doria, membre de la célèbre famille patricienne des Doria, l'avait précédé et mettait ses redoutables galères au service de la flotte alliée. Le rassemblement des navires à Messine ne s'opéra qu'avec beaucoup de lenteur. Inquiet, Jean André Doria et d'autres conseillers du prince lui suggérèrent d'adopter une attitude strictement défensive. C'était aussi le vœu de Philippe II qui aurait aimé que la flotte alliée attaquât Tunis.

demeurera même si les conséquences de cette bataille n'ont qu'une importance relative. En effet, la paix signée avec Venise en 1573 entérine la conquête turque de Chypre et la flotte ottomane, reconstituée, s'empare définitivement de Tunis en 1574. La même année, le sultan meurt.

Soutenu par certains des capitaines espagnols et vénitiens, don Juan décida de forcer le destin et d'aller de l'avant. Cependant la flotte ottomane s'était déjà mise en mouvement et razziait les côtes de l'Adriatique, amassant un butin facile. Craignant néanmoins de se laisser enfermer, elle se dirigea vers Lépante. A l'aube du 5 octobre 1571, les deux flottes se rencontrèrent inopinément à l'entrée du golfe de Lépante (ci-contre). Aussitôt, déployant habilement ses 208 navires, don Juan encercla les galères ottomanes, tandis que six vaisseaux vénitiens chargés d'artillerie les bombardaient. Des 230 navires turcs, trente seulement échappèrent à l'étau. Tous les autres coulèrent ou furent saisis. Les Turcs perdirent 30 000 hommes tués ou blessés et 3 000 prisonniers ; 15 000 forçats furent libérés. Au cours de la bataille, l'amiral turc Muezzindade Ali Pacha fut décapité par un boulet.

En 1579, Sokullu Mehmed Pacha est assassiné par un fanatique et le grand vizirat change vingt-trois fois de titulaire sous Murad III (1574-1595) et Mehmed III (1595-1603) qui, loin de suivre l'exemple de leurs prédécesseurs, se désintéressent complètement de la conduite des affaires de l'Etat. Les troubles intérieurs alors se multiplient, les hostilités reprennent avec l'Iran et l'Autriche. La fin du XVIe siècle annonce déjà le déclin de l'empire.

L'impressionnante expansion de l'Empire ottoman au XVI^e siècle, son épanouissement dans tous les domaines n'auraient pu se réaliser sans ses solides structures internes : un pouvoir centralisé, une rigoureuse organisation administrative adaptée aux besoins de l'Etat, une armée puissante, remarquablement équipée. Elaborées dès la première moitié du XIV^e siècle, elles furent en majeure partie l'œuvre de trois grands sultans : Murad I^er, Mehmed II le Conquérant et Soliman le Magnifique.

# CHAPITRE III
# L'ÉTAT OTTOMAN

« Toutes les affaires de l'Empire sont réglées chez les Turcs par des constitutions et des lois écrites qui ont été codifiées. Le grand vizir doit les suivre à la lettre et ne jamais s'en écarter», écrivait vers 1590 Al-Mangrouti, ambassadeur du Maroc auprès de la Porte.

## Le sultan détient la souveraineté absolue. Il est la clef de voûte d'un Etat hautement centralisé

Le sultan commande, juge et légifère, exerçant un pouvoir absolu, uniquement limité par sa soumission aux préceptes islamiques. Il fait connaître ses décisions par des *firmans* authentifiés par son monogramme, la *tughra*. Il nomme à toutes les fonctions en délivrant à ses agents des brevets qui spécifient leurs charges. Il est le chef de l'armée et le juge suprême de l'empire.

Il est aussi le calife, successeur du prophète Muhammad, guide religieux, «l'ombre de Dieu sur terre» ainsi que l'exprime sa titulature. S'il ne peut modifier la loi religieuse, la *sharia*, les docteurs de la loi – les *ulémas* – lui reconnaissent le droit de promulguer une législation séculière, le *kanun*, qui ne remplace pas la loi religieuse, mais en comble les lacunes sans aller à l'encontre de ses prescriptions.

Cette œuvre de législation séculière sera l'un des soucis majeurs de Sulayman Kanuni, le Législateur. Il fait réviser et codifier les textes en usage sous ses prédécesseurs et légifère dans tous les domaines, en particulier les questions fiscales, le droit de propriété ou le statut militaire. Faire régner la justice est pour lui la base d'un Etat puissant, le premier devoir d'un

«Pour légitimer un pouvoir qu'ils ne pouvaient asseoir sur une généalogie illustre, les sultans ottomans mirent l'accent sur leur rôle de guerrier de la foi et leur sens de la justice.» (G. Necipoglu) La *tughra* (ci-dessus) est composée du nom de Soliman et indique sa filiation. Celle de Soliman se lit ainsi : Sulayman Shah, fils de Selim Shah Khan, le toujours victorieux.

souverain. Justice entre les sujets : musulmans ou non-musulmans, Turcs ou non-Turcs, mais aussi justice de l'autorité envers les sujets. Les défendre contre les possibles abus de pouvoir des fonctionnaires de l'Etat comme des exactions de l'armée, ce qui n'est pas toujours facile étant donné l'immensité de l'Empire. Il édicte souvent ses lois en réponse à des questions posées ou suite aux rapports que lui adressent ses agents en tournée d'inspection dans les provinces, puis les incorpore au *kanun*. Celui-ci est donc constamment modifié.

## Le droit successoral pose pour l'Empire ottoman un grave problème de survie

L'empire ne doit être dirigé que par un descendant d'Osman. Or, selon la tradition turco-mongole, tous les membres de la famille ont des droits égaux, ce qui entraîne des affrontements, des luttes et un risque de désagrègement de l'empire. Ne pouvant abolir cette coutume, les Ottomans la contournèrent en reconnaissant à celui des princes qui, par

Au XVIe siècle, l'Empire ottoman est une véritable mosaïque d'Etats et d'ethnies qui englobe une partie de l'Europe de l'Est, les Balkans, le Proche-Orient, l'Afrique du Nord, et s'étend de la Bosnie à l'Algérie, de la mer Caspienne au golfe Arabo-Persique et au Yémen. La population que l'on estime autour de 20 millions d'habitants – chiffre important pour l'époque –, regroupe un nombre incalculable de peuples : Turcs et Arabes, Tartares et Persans, Grecs, Arméniens, Roumains, Coptes, Kurdes, Tziganes, Berbères, Slaves, Albanais, Hongrois... Ils professent l'islam, le christianisme, le judaïsme.

force ou par ruse, vient d'accéder au trône le droit de faire périr ses frères et les enfants de ceux-ci afin d'étouffer dans l'œuf toute possibilité d'opposition future. Avec l'accord des *ulémas*, Mehmed II sanctionna cette tradition établie par ses prédécesseurs. «La plupart des légistes ont déclaré comme une chose permise que quiconque de mes illustres fils et petits-fils arrivera au pouvoir suprême fasse immoler ses frères pour assurer le repos du monde, ils doivent agir en conséquence.» Mustafa et Bayazid, deux des fils de Sulayman, furent ainsi immolés pour le «bien de l'Etat».

A partir du XVII^e siècle cependant, les princes susceptibles de revendiquer le trône ne furent plus assassinés mais enfermés dans une partie du palais appelée *kafie*, la cage, et progressivement la loi du fratricide fut abandonnée.

## Le sultan gouverne à travers son conseil, le *Divan*, dirigé par le grand vizir

Le *Divan*, qui se réunit quatre fois par semaine à l'époque de Soliman, comprend, outre le grand vizir assisté des «vizirs de la coupole», un grand chancelier, le *nichandji*, deux contrôleurs des finances, les *defterdar*, l'un pour la partie européenne de l'empire, la Roumélie, l'autre pour la partie asiatique, l'Anatolie et deux «juges de l'armée», les *qadi'asker* qui représentent le corps juridico-

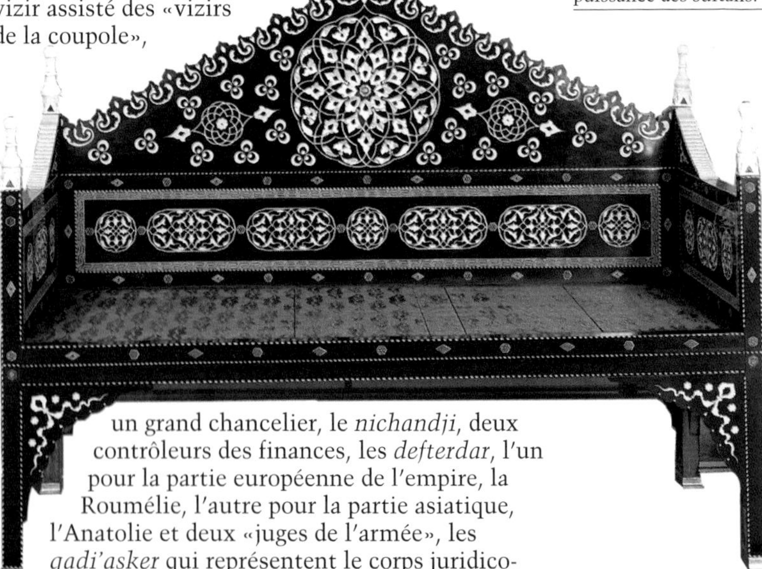

Pour les cérémonies officielles, telle l'intronisation d'un sultan, on étalait devant la troisième porte du palais, un immense tapis persan et l'on disposait au-dessus le trône d'or enrichi de joyaux conservé dans le trésor de Topkapi. Lorsque le sultan partait en campagne, il emportait un trône plus sobre, tel que celui ci-dessous, en bois précieux incrusté d'ivoire et de turquoise. Le protocole observé au palais de Topkapi était destiné à impressionner les Ottomans, comme les étrangers, en particulier les ambassadeurs, et à les convaincre de la majesté et de la puissance des sultans.

religieux des *ulémas*. Le *Sheikh ul-islam*, instance religieuse suprême, ne siège pas au *Divan*.

Le conseil traite de toutes les questions concernant la paix, la guerre, la conduite militaire, la haute administration, les finances... Il a aussi le rôle d'une cour suprême devant laquelle chaque sujet peut faire appel. Il a enfin une fonction protocolaire, il mène les négociations avec les ambassadeurs et assure les réceptions officielles.

Après les audiences, un magnifique banquet était offert aux ambassadeurs. Les mets étaient servis dans de la porcelaine de Chine et des plats d'argent doré, les cuillers étaient en or enrichi de pierreries.

A la tête du *Divan*, le grand vizir est le représentant absolu du souverain, qui lui délègue la quasi-totalité des pouvoirs impériaux. Dans la pratique, c'est lui qui gouverne l'empire. Cependant, il doit consulter les «vizirs de la coupole» pour les décisions importantes, ne peut engager aucune dépense sans l'assentiment du contrôleur des finances qui, par ailleurs, doit lui présenter les comptes, et ne possède aucune autorité sur l'ensemble des *ulémas* dont les supérieurs sont désignés par le sultan. En dépit de sa haute charge, il demeure toujours soumis aux caprices du souverain et peut subir aussi de multiples pressions exercées par les différentes factions du palais ou par l'armée.

Le nombre des fonctionnaires s'accrût considérablement sous Sulayman. Les *katib*, secrétaires de la chancellerie, rédigent les innombrables *firmans*, les traités et tous les actes officiels. Les documents financiers relèvent des *defterdar* qui comptabilisent les revenus et les dépenses de tout l'empire, consignés dans des registres régulièrement mis à jour et conservés par le *defter-emini*, intendant des archives.

Les recettes de l'Etat consistent en impôts fixes ou proportionnels établis sur les terres des tributaires, en dîmes sur les terres des musulmans et en capitation imposée aux non-musulmans. S'y ajoutent les revenus des douanes, les taxes extraordinaires, les contributions locales et les tributs payés par certaines provinces comme l'Egypte et l'Iraq.

## Les provinces dépendent du pouvoir central

L'autorité y est partagée entre les gouverneurs provinciaux – *beylerbey* et *sancakbey* –, responsables de l'ordre public et des affaires militaires, et les *defterdar* qui s'occupent de la fiscalité et de l'approvisionnement. Enfin, l'administration proprement dite des circonscriptions est le fait des *qadi* qui font office de juges et de notaires.

Les innombrables registres tenus par les *defterdar* (ci-dessous) sont une précieuse source de renseignements non seulement dans le domaine fiscal mais aussi social, politique et même religieux.

Un des éléments clés de cette administration est l'institution du *timar*, fondement du système militaire et socio-juridique de l'empire. Son principe consiste à rétribuer, par l'octroi d'une terre, un service de nature civile ou religieuse mais le plus souvent militaire. Il vise surtout à entretenir le noyau

À l'origine, le sultan présidait le *Divan* (ci-dessous), mais à partir de Mehmed II, il en laisse la charge au grand vizir qui vient lui rendre compte des questions importantes.

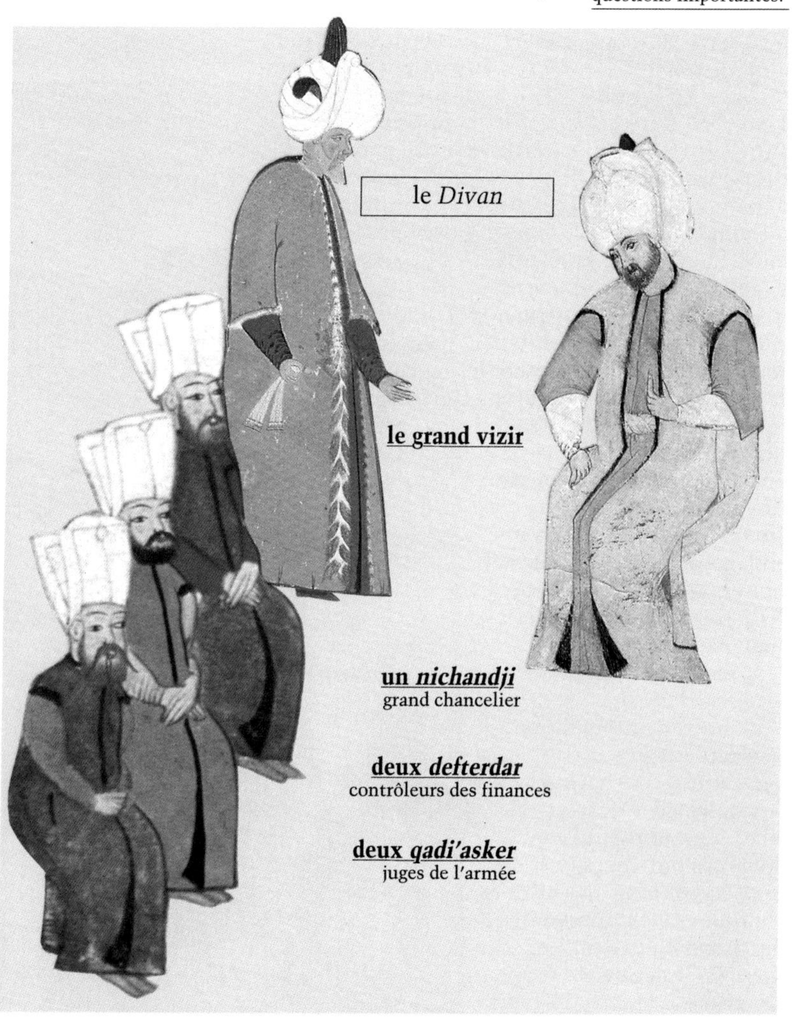

des forces armées provinciales – la cavalerie des *sipahi* – et à fournir les cadres provinciaux. Le sultan concède à un particulier les revenus fiscaux d'un ou de plusieurs villages, ou de parties de village, à charge pour lui de participer aux campagnes militaires et de pourvoir à l'équipement et à l'entretien d'un certain nombre d'hommes d'armes. Les campagnes militaires qui réclament la présence du *timariote* s'étendent de mars à novembre; le reste de l'année, celui-ci s'occupe de sa tenure. Le *timar* est attribué par l'administration centrale, mais ce n'est pas une dotation héréditaire et il ne peut être transmis. Cependant, les héritiers d'un *timariote* peuvent à leur tour déposer une demande d'obtention de *timar*. Tous les bénéficiaires sont soumis aux contrôles des *defterdar* et ils peuvent perdre leur prébende si le service est mal ou non rendu.

Sur cette pièce, on peut lire : «Celui qui frappe l'or possesseur de la puissance et de la victoire sur le continent et sur la mer» et au revers : «Sultan Sulayman ibn Selim Khan, que sa victoire soit fortifiée! Frappée à Gaza'ir [Alger] en l'année 926 [1520]» (lu par Ludwik Kalus). La pièce frappée à Alger a pu faire partie d'un tribut annuel.

Dans certaines régions situées à la périphérie de l'empire, l'administration centrale nomme un gouverneur, des agents financiers, des juges et maintient une garnison. Mais ces provinces conservent leurs institutions politiques et administratives. Le sultan en perçoit les revenus fiscaux sous forme de tribut. Le pacha d'Egypte,

par exemple, envoie chaque année au Trésor un tribut qui varie entre 400 000 et 800 000 pièces d'or.

## Les principaux postes militaires et administratifs sont tenus par les *kul*, esclaves du sultan

Leurs origines sont diverses. Certains d'entre eux ont été achetés, d'autres sont des captifs de guerre, le plus grand nombre provient du «ramassage», *devchirme*, système pratiqué dès le XVe siècle, qui consiste à choisir et à prendre en esclavage de jeunes chrétiens, principalement des régions de Roumélie. Emmenés à Istanbul ou à Brousse, ces enfants sont tout d'abord convertis de force à l'islam, puis, suivant leurs aptitudes, dirigés vers une carrière militaire ou administrative. Les premiers, placés chez des paysans ou des militaires d'Anatolie, sont éduqués durement et entraînés avant de faire partie du corps d'infanterie d'élite du sultan : les janissaires. Les autres, les *itch oglan*, reçoivent dans des écoles impériales une éducation poussée qui, en développant les qualités particulières de chaque sujet, les forme à assumer toutes les tâches de l'Etat.

Les plus doués, sur le plan physique et intellectuel, achèvent leur éducation au

❝En 1577, un voyageur rapporte que des chrétiens «donnaient des femmes à leurs enfants à l'âge de huit ou neuf ans, seulement pour qu'ils puissent être délivrés de la levée [du *devchirme*, ci-contre], car les hommes mariés ne sont pas pris». Mais d'autres témoignages relèvent une certaine ambivalence du phénomène : le ramassage assurait au rejeton d'une famille nombreuse et pauvre une promotion sociale, peut-être même une brillante destinée. On rapporte ainsi que des musulmans échangeaient leurs enfants contre ceux de chrétiens pour les faire profiter de l'aubaine, et l'ambassadeur de Venise écrit en 1594 : «Les Turcs d'origine continuent à éprouver le plus grand mécontentement à voir le gouvernement reposer sur les renégats.»❞

Robert Mantran

palais même du sultan où ils assurent le service de la «chambre privée», *khass oda*, avant d'être versés dans le corps prestigieux de la cavalerie ou d'entamer une carrière administrative. Le souverain choisit souvent parmi eux son grand vizir. Ibrahim, le tout-puissant favori de Sulayman, avait été le chef de file de la «chambre privée» avant d'accéder directement au grand vizirat.

Par le système du *devchirme*, les souverains ottomans se constituent un corps privilégié de serviteurs fidèles et compétents. Ils remplacent ainsi avantageusement une aristocratie héréditaire souvent turbulente. La plupart de ceux qui atteignent les postes les plus élevés sortent de leurs rangs. Ce sont donc des esclaves d'origine chrétienne qui constituent le noyau du haut commandement de l'armée et des cadres du régime, ce qui ne plaît pas toujours aux dignitaires d'origine turque et étonne les Européens. Si ces enlèvements sont cruels pour les familles, ils assurent par ailleurs aux enfants ainsi enlevés et qui proviennent pour la plupart de milieux très pauvres, une ascension sociale certaine. Les ramassages avaient lieu chaque trois ou sept ans, ils se pratiquèrent encore durant tout le XVIIe siècle, mais à un rythme moins régulier et cessèrent au début du XVIIIe siècle.

Les janissaires sont le fer de lance de l'armée ottomane. Leur intrépidité au combat, leur sauvagerie aussi en font de redoutables adversaires. Ils ont des rapports étroits avec l'ordre mystique des derviches – *bektachis* – comme le montre le port du bonnet blanc. Quand ils ne sont pas en campagne, ils assurent la sécurité d'Istanbul et participent également à la défense de certaines citadelles des frontières.

**Les Ottomans se sont forgé une armée de métier, en avance sur son époque, totalement liée au souverain**

Le cœur de cette armée, son élément permanent, est constitué par les *kapu kullari*, les «esclaves de la Porte» recrutés par le système du *devchirme*. A leur tête, se trouve un puissant *Agha*, *kul* du sultan et qui dépend directement de lui. Ils se répartissent en un corps d'infanterie, les fameux janissaires, *yenitcheri*, et, à l'époque de Sulayman, en six corps de cavalerie.

Très hiérarchisés, les janissaires ont pour emblème la marmite de bronze (*hazan*) autour de laquelle ils se réunissent pour le repas une fois par jour, repas fourni par le sultan. Renverser la marmite est signe de révolte.

« La discipline des troupes, leur étonnante capacité à déployer leur masse avec rapidité, ordre et silence», leur ardeur au combat n'étaient pas les seuls facteurs de succès de l'armée ottomane. Y jouait également un rôle important la préparation de la campagne par l'administration les mois précédant le départ. Il fallait rassembler les stocks de vivres nécessaires aux hommes et aux animaux, prévoir les modalités d'approvisionnement des différentes étapes de la progression des troupes, assurer le cheminement des convois. Tout ce travail de logistique était complètement nouveau pour l'époque.

Les janissaires sont entraînés à un esprit de discipline et de soumission absolue au souverain qu'ils entourent et protègent jour et nuit. Sur les champs de bataille, ils forment un carré autour de lui, évoluent avec une rapidité surprenante dans un ordre et surtout un silence qui impressionnent fort leurs adversaires. Armés au départ d'arcs, de lances et d'épées, ils sont munis d'arquebuses au début du XVI^e siècle.

Les forces provinciales, en revanche, sont dispersées à travers l'empire et se regroupent lors des campagnes militaires. Leur noyau principal est constitué par la cavalerie des *sipahi* rétribués par le système du *timar*. C'est le groupe le plus important de l'armée ottomane. Ils auraient été 20 000 en 1527.

Les *akindji*, les coursiers, une cavalerie légère qui perpétue les modes de combats ancestraux des hordes d'Asie centrale, sont chargés de lancer des raids en territoire ennemi, de préparer la pénétration de l'armée. Ils sont rétribués par le butin.

C'est au corps auxiliaire des *yaya*, recrutés dans les provinces que sont confiés les grands travaux de déblaiement, de terrassement, de mine.

L'armée dispose de services de ravitaillement et d'intendance que l'Europe ne connaît pas encore et surtout d'une artillerie particulièrement développée, car les Ottomans ont compris très tôt son importance. Des bombardes aux couleuvrines et aux fusées volantes utilisant le feu grégeois, toute la gamme des calibres est représentée. Sa puisance de feu est étonnante et encore plus son extrême mobilité.

La guerre navale, en revanche, était étrangère aux traditions des Ottomans, leur expansion sur les côtes de la Méditerranée les contraint à s'y adapter. Ils mettent cependant du temps à se constituer une flotte et ce n'est que sous Sulayman qu'elle devient la plus puissante de la Méditerranée. Les sultans recrutent les fameux corsaires qui écument la mer et vivent de la course. C'est à l'un d'eux, le bey d'Alger, Khayreddin Pacha, dit Barberousse, nommé grand amiral par Sulayman, que l'empire est redevable de l'organisation de sa force navale et de ses premières victoires.

L'Etat est tout-puissant au XVIe siècle grâce à son administration, à son armée. Mais saura-t-il empêcher la dégradation des outils qu'il s'est forgés ?

“Le capitaine général des janissaires, ou *aga*, est homme constitué en tel état, dignité et autorité que bien souvent advient qu'il épouse les filles ou les sœurs du grand seigneur. Toutes et quantes fois que le grand seigneur marche par pays ou va à la mosquée, l'aga chevauche, monté sur quelque beau cheval turc ou barbre, la selle et autres fourniments enrichis d'orfèvrerie et pierres précieuses, sa personne est vêtue d'une grande robe d'or frisé ou bien de velours, ou satin cramoisi.”

Nicolas de Nicolaï

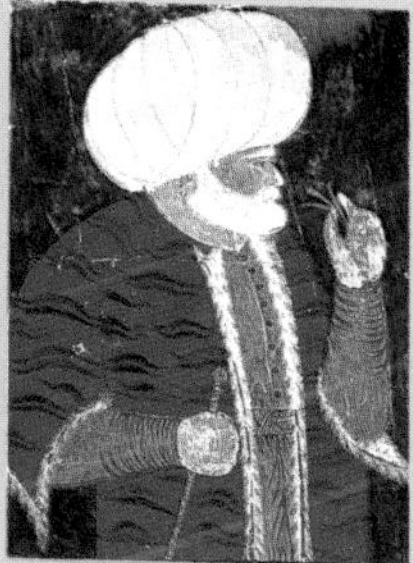

Khayreddin Pacha, dit Barberousse (ci-dessus), corsaire en Méditerranée et seigneur d'Alger, est un Grec converti à l'islam. Selim Ier, à qui en 1519 il offre ses services, le reconnaît comme *beylerbey* d'Alger. Soliman fait appel à lui en 1533 pour réorganiser la flotte ottomane. Il le nomme *Kapudan Pacha*, grand amiral. Barberousse supervise les chantiers navals de Galata et, en quelques mois, disposant de tous les matériaux nécessaires grâce aux prodigieuses ressources de l'empire, il constitue une puissante marine. En 1534, il s'empare de Tunis, puis de Corfou et d'autres îles de la mer Egée. Sa victoire à Preveza en 1538 contre les flottes de Charles Quint, de Venise et du pape témoigne de la nouvelle supériorité ottomane. Il meurt en 1546, après la campagne franco-turque de Nice (ci-contre).

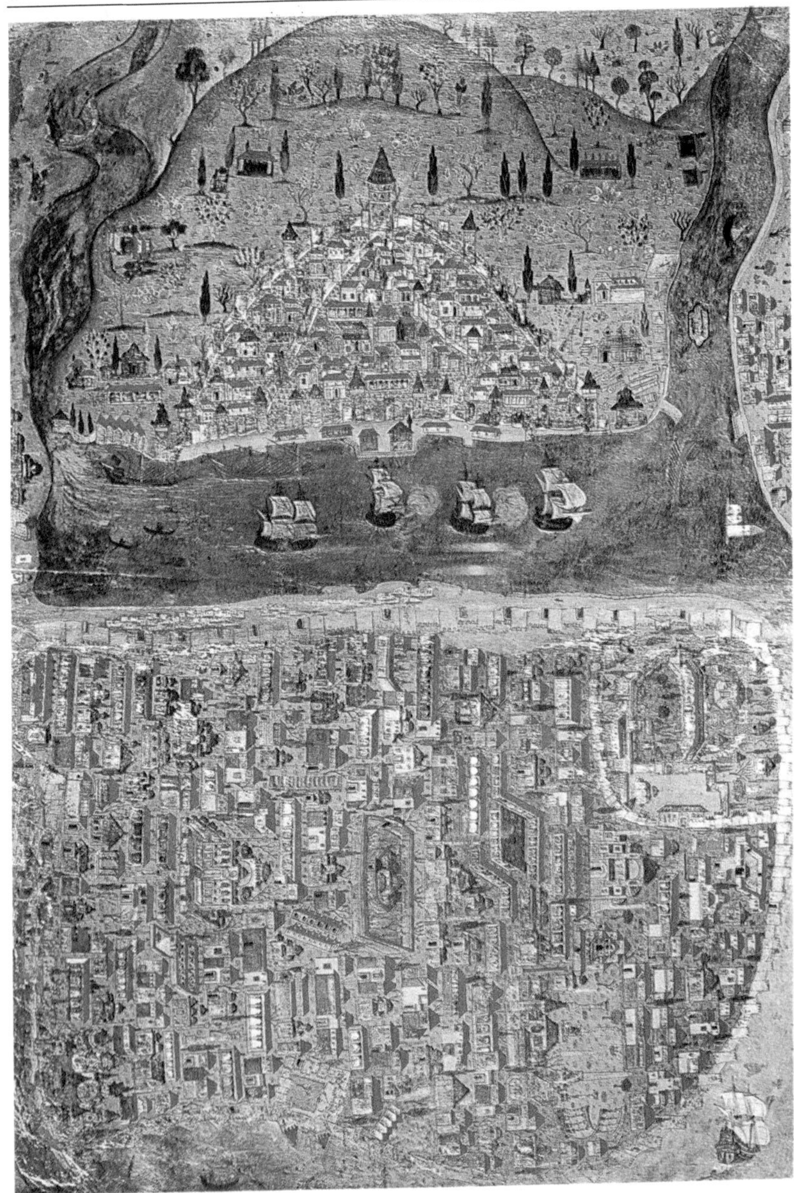

A la jonction de l'Occident et de l'Orient, reliant l'Europe à l'Asie, Istanbul al-Mahrusa – la bien gardée – est le centre vital, politique, intellectuel et commercial de l'empire. Depuis le IVe siècle de notre ère, elle tient le rôle de capitale, sous Byzance d'abord, les Ottomans ensuite. Si elle le perd en 1923 en faveur d'Ankara, elle rayonne toujours sur la Méditerranée orientale.

CHAPITRE IV

# ISTANBUL, CAPITALE D'EMPIRE

Cette carte d'Istanbul date du début du règne de Soliman. Le chenal de la Corne d'or sépare la ville de la presqu'île de Galata. A la pointe du promontoire rocheux, le palais de Topkapi domine le Bosphore et la Corne d'or.

## A peine Constantinople est-elle prise que Mehmed II s'active à la repeupler

Le 29 mai 1453, donnant l'ordre d'assaut, Mehmed II a déclaré à son armée : «Les pierres et la terre de la ville ainsi que les équipements m'appartiennent, tous les autres biens, les prisonniers et les vivres sont du butin pour les troupes.» Cependant, par crainte de trop grandes destructions, il fait arrêter les pillages avant la fin des trois jours autorisés. La ville s'est vidée de ses anciens occupants. Mehmed II proclame alors l'*aman*, le pardon : tout fuyard qui reviendra dans le temps imparti pourra réintégrer sa demeure et pratiquer sa religion. Il établit les prisonniers qui lui sont échus, c'est-à-dire un cinquième d'entre eux, ainsi que leurs familles, le long de la Corne d'or et permet à tous les autres, qui ont payé rançon, de s'installer à nouveau dans la ville. Cela n'étant pas suffisant, il ordonne par *firman* d'y faire déporter des familles musulmanes, chrétiennes et juives de Roumélie et d'Anatolie. Vingt-cinq ans après la conquête, Istanbul compte 70 000 habitants, ils sont 400 000 au début du règne de Soliman vers 1520 et environ 700 000 à la fin du XVIe siècle.

C'est Mehmed II qui aurait donné le nom de *Islam-bol* (l'islam abonde) à Constantinople. Mais dans les textes officiels, l'ancien nom *Kustantiniyya* est conservé, tandis que dans les milieux populaires *Islam-bol* devient Istanbul. Ce n'est qu'en 1760 que le nom d'Istanbul figure obligatoirement sur les monnaies (à gauche).

## A l'image de l'empire, Istanbul est une ville cosmopolite

La diversité de sa population reflète celle de l'empire : Turcs, Grecs, Arméniens, Juifs, Arabes, Albanais... Toutes les ethnies se côtoient dans leurs occupations professionnelles, se mêlent dans les rues de la ville; cependant leur habitat demeure complètement distinct. Le regroupement se fait par ethnie et par religion autour des lieux de culte : mosquées, églises, synagogues. Ce sont les centres vitaux des

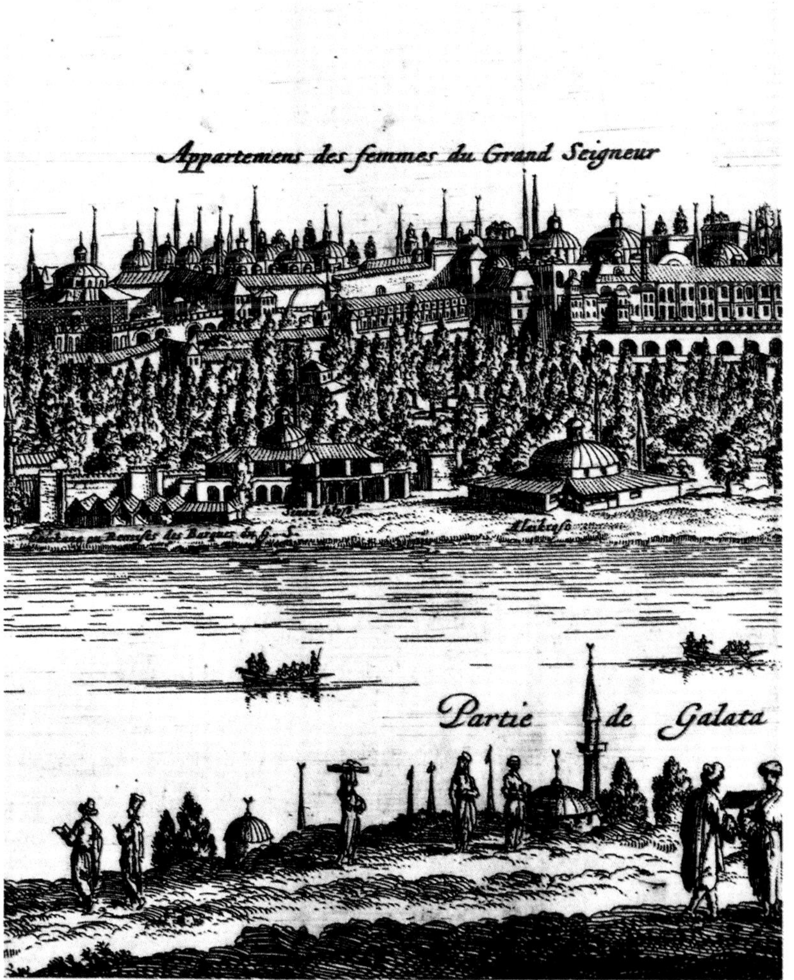


quartiers. Certaines minorités se trouvent noyées dans la masse prédominante des Turcs mais ne sont pas inquiétées pour autant. Le gouvernement favorise ces regroupements qui permettent aux nouveaux arrivants de s'intégrer plus rapidement dans les communautés. Le contrôle de celles-ci, sous la juridiction de leurs chefs religieux, en est par ailleurs

“Au droit de l'embouchure du port est le sarail, où habite ordinairement le grand seigneur turc (ci-dessus), quand il est en Constantinople.”

Nicolas de Nicolaï

facilité. Musulmans, chrétiens ou juifs se reconnaissent à des signes particuliers tels que l'habillement, le costume, la chaussure. Les non-musulmans n'ont pas le droit de monter à cheval et ne peuvent accéder à des charges officielles de fonctionnaires du gouvernement ou du palais sauf à celle de médecin. Ils sont assujettis à l'impôt de capitation, la *djiziye*, et il incombe aux chefs religieux de chaque communauté organisée en *millet* de réunir cet impôt et de le verser au Trésor.

## Mehmed II s'active aussi à reconstruire sa capitale

Istanbul se développe, selon le principe des villes islamiques, à partir des centres religieux que jouxtent des édifices à caractère social et commercial. Mehmed II crée le premier de ces *nahiye*, quartiers, autour de la basilique Sainte-Sophie – devenue la mosquée Aya Sofia – en érigeant un immense *bedestan*, marché couvert, qu'entourent des ruelles bordées de boutiques et d'échoppes. Il fait également construire des caravansérails, les *khans*.

En 1459, il réunit ses notables et leur ordonne d'édifier, sur un emplacement de leur choix, une

Les voyageurs étaient surpris par les rues d'Istanbul, étroites, mal pavées, malpropres. Les maisons «quoique vilaines au dehors sont assez bien ornées au dedans» (Pétis de la Croix). Elles sont basses et généralement petites. Elles ont un soubassement de pierre ou de maçonnerie, mais la charpente est entièrement en bois. On l'élève en premier, puis on comble les vides avec du pisé. Ces constructions de bois sont une proie facile pour les incendies qui se succèdent et détruisent à chaque fois plusieurs quartiers. Une ordonnance de 1572 stipule que chaque habitant doit tenir prêts une échelle de la hauteur de sa maison et un tonneau d'eau.

mosquée et un hospice, centres de futurs quartiers. Lui-même fait construire un énorme complexe architectural, qui comprend une grande mosquée, une *medrese* (université religieuse), un hôpital, un hospice, une bibliothèque, une école coranique ainsi que des boutiques dont les revenus sont destinés à entretenir les édifices. L'ensemble est constitué *waqf*, c'est-à-dire bien de main-morte, inaliénable, au bénéfice des usagers. Soixante-dix ans après la conquête, treize *nahiye* ont pris naissance. Le nombre des complexes architecturaux continue à s'accroître au XVIe siècle. Leurs dimensions sont considérables et les espaces immenses consacrés aux cours des mosquées contribuent à aérer la ville.

Autour de ces grands complexes, les maisons se pressent en désordre, bordant des rues étroites. A côté de petites masures à un étage qui ouvrent sur la rue et non sur des cours, on trouve d'autres habitations beaucoup plus vastes avec des jardins clos. La résidence peut alors comprendre plusieurs maisons, un bain, des latrines, des écuries, un fournil, une chambre froide, des logements pour les serviteurs, un puits. Les palais et les villas des dignitaires et des gens fortunés reprennent le même type d'habitation en plus vaste encore et en plus luxueux.

❝Le grand accroissement de la population [d'Istanbul] a lieu au XVIe siècle. Bayazid II et surtout Selim Ier et Soliman le Magnifique en sont les artisans. Le premier installe à Constantinople des Valaques. [...] Selim Ier, après avoir conquis Tabriz et une partie du Caucase, transplante dans la capitale des habitants de ces régions, renommés pour leurs capacités artistiques. [...] Il agit de même après la conquête de la Syrie et de l'Egypte et Soliman le Magnifique reprend le même procédé, après la prise de Belgrade, si bien que des Syriens, des Egyptiens, des Serbes viennent habiter Istanbul.❞

Robert Mantran

A l'intérieur de ces demeures, il existe une nette séparation entre le *selamlik*, la partie réservée aux hommes et le *harem*, les appartements privés, réservé aux femmes. Les étrangers ne peuvent pénétrer que dans la salle de réception du *selamlik* dont une large partie reçoit une estrade de bois, le *divan*, recouverte de tapis et de coussins. Ceux-ci habillent également la longue banquette disposée le long des murs, qui sert de siège et de lit. Il n'y a pas de table. Les repas sont servis sur un grand plateau de cuivre installé sur un support, parfois à même le sol. Le reste du mobilier est très succinct : des armoires murales où l'on range la literie, des étagères, des niches, des coffres pour les vêtements.

Quelques villas luxueuses sont bâties à l'extérieur des remparts, le long du Bosphore. Elles servent de lieux de repos, de pavillons de chasse. Les salons de ces riches demeures sont meublés de banquettes, au centre un grand plateau de cuivre (ci-dessus).

## Le palais est une véritable ville dans la ville

Le palais, résidence du sultan, est aussi le siège du gouvernement, de l'administration centrale. Quand il se déplace, la cour et une partie des archives se déplacent avec lui.

La construction du palais de Topkapi, au lieu de rencontre du Bosphore, de la Corne d'or et de la mer de Marmara, sur un promontoire élevé, à l'extrême pointe d'Istanbul, a été commencée par Mehmed II vers 1455. Ses successeurs multiplient, à l'intérieur de l'immense enceinte, le nombre de cours, de pavillons, de jardins. Comme les demeures privées, le

C'est devant la troisième porte, la Porte de la Félicité, qui mène à la partie privée du palais, que sont reçus hauts dignitaires et ambassadeurs (ci-dessous).

palais comporte une partie publique, le *birun*, et une partie privée, l'*enderun*. On accède de l'une à l'autre par trois portes monumentales : *Bab-i-Humayun*, la Porte auguste, *Bab-û-Salam*, la Porte du Salut appelée aussi *Orta kapi*, la Porte du Milieu, et *Bab-ü-Saade*, la Porte de la Félicité ou Porte des Eunuques blancs.

La Porte auguste donne accès à la première cour où chacun peut pénétrer indistinctement. Turcs ou non-Turcs, hommes et femmes, tout le monde a accès à la vaste esplanade où, par respect pour le sultan, on garde le silence. A gauche de l'entrée, l'église Sainte-Irène désaffectée abrite l'armurerie. Dans d'autres constructions logent les services administratifs, les ateliers d'art et de joaillerie, la Monnaie, la boulangerie et une petite mosquée.

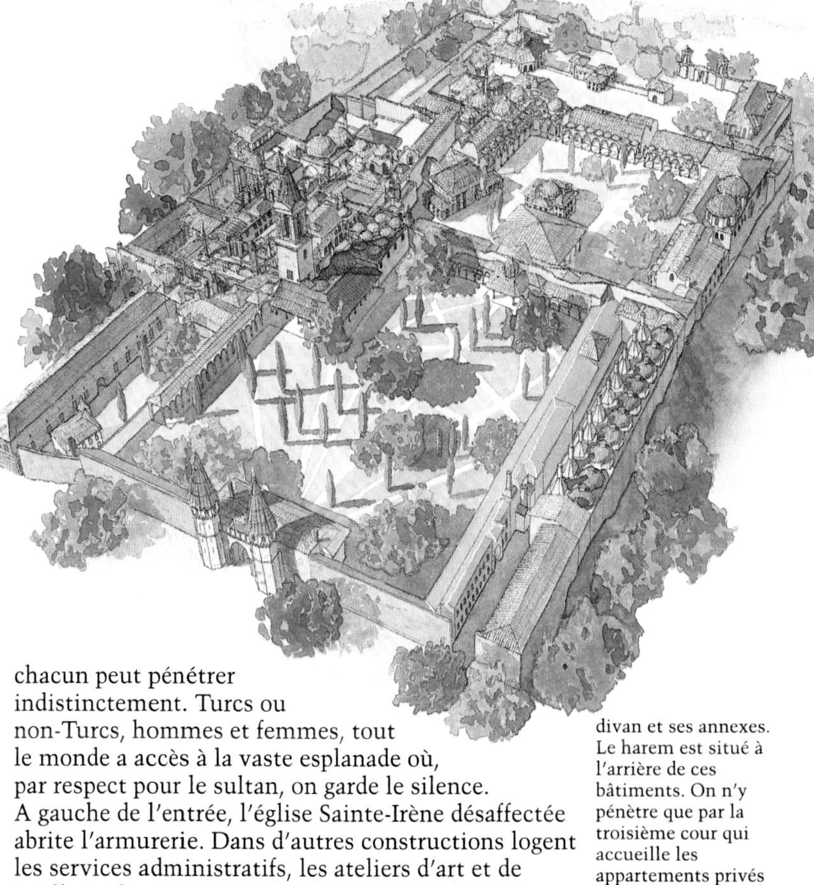

Sur ce dessin figurent la deuxième et la troisième cour auxquelles on accède par la Porte du Salut et celle de la Félicité. Au fond et à gauche de la deuxième cour se trouvent la salle du divan et ses annexes. Le harem est situé à l'arrière de ces bâtiments. On n'y pénètre que par la troisième cour qui accueille les appartements privés et que prolonge un grand jardin.

Par la Porte du Salut, on pénètre dans la deuxième cour, la cour du *Divan*. C'est un véritable jardin fleuri, ombragé d'arbres, où s'ébattent gazelles et autruches, cerné par un portique. A gauche en entrant, édifiées au début du règne de Soliman le Magnifique, se dressent la *Kubbe alti*, salle du *Divan*, recouverte d'une coupole, et ses annexes : salle de la Chancellerie, de la Trésorerie intérieure, bureau des secrétaires, salle des hôtes... La salle du *Divan* où se font également les réceptions des ambassadeurs, recouverte d'or, est d'un luxe inouï. Dans cette cour sont aussi logées les écuries du sultan et les magnifiques cuisines édifiées par Sinan, l'architecte de Sulayman, qui dressent encore dans le ciel leur forêt de cheminées.

La salle à manger d'Ahmed III (ci-dessous), située dans l'*enderun*, est revêtu d'un somptueux décor peint rehaussé d'or.

Le passage de la deuxième cour à la troisième, du *birun* à l'*enderun*, se fait par la Porte de la Félicité. Sous le portique surmonté d'un large dais adossé à la porte, on place le trône du sultan lors des cérémonies officielles. Immédiatement derrière cette porte, se trouve la salle des audiences ménagée dans un petit pavillon qui dérobe aux visiteurs la vue sur l'*enderun*, l'espace privé du souverain, accessible uniquement à ses pages, à ses eunuques et à ses femmes. C'est dans l'*enderun* que les plus doués des pages recrutés par le système du *devchirme* achèvent leur éducation, encadrés par un personnel d'enseignants et de médecins, surveillés par les eunuques blancs. Ils assurent le service du sultan dans la «grande» et la «petite» chambre

C'est devant la Porte de la Félicité (ci-dessous) qu'un nouveau sultan est intronisé. Déjà au XVIe siècle, le terme «la Porte» est synonyme du pouvoir ottoman. «Tant vault dire Porte comme lieu où se tient conseil, audience et faict justice.»

et gardent le Trésor. Une quarantaine d'entre eux, l'élite, accède au *khass oda*, la chambre «privée» du souverain et veille à son service personnel.

## Le harem est la partie la plus secrète de l'*enderun*

Jusqu'alors le harem des souverains était installé au vieux palais que Mehmed II avait fait construire rapidement au centre de la ville, avant d'entreprendre celui de Topkapi. Hurrem Sultane, favorite de Sulayman qui en a fait son épouse légitime, prend prétexte d'un incendie pour emménager au nouveau palais et se rapprocher ainsi de façon permanente du sultan. Au vieux palais désormais sont reléguées, à la mort du souverain, sa mère, ses sœurs, ses concubines et ses esclaves, pour faire place au harem, à Topkapi, du nouveau sultan.

C'est sous Sulayman que commence l'édification, à l'intérieur du palais, de ce véritable labyrinthe de cours et d'appartements. Les eunuques noirs en défendent sévèrement l'accès. Ils assurent le service et y maintiennent l'ordre et la discipline. Le harem peut comprendre un très grand nombre d'esclaves, on en compte 266 en 1603. C'est un honneur que d'y accéder et n'y sont admises que des esclaves vierges réputées pour leur beauté. Certaines d'entre elles ont été offertes en présent au sultan ou prises en butin, d'autres sont achetées sur le marché aux esclaves. Leur éducation suit un processus semblable à celui des

Le nombre de cuisiniers (à gauche) au palais de Topkapi passe de 277 en 1527, quelques années donc après l'avènement de Sulayman, à 629 quarante ans plus tard. Les femmes du harem (ci-dessous) se délectaient de mets raffinés et de sucreries à base d'eau de rose, de miel et de pistaches.

pages. On leur enseigne tout d'abord les principes de l'islam, puis on les instruit dans tous les arts d'agrément afin de faire d'elles des jeunes femmes accomplies.

Toutes ne sont pas destinées au souverain. Certaines d'entre elles, une fois leur éducation terminée, reçoivent une dot et épousent d'anciens pages qui commencent une carrière.

Pour des raisons politiques, les premiers sultans avaient épousé des princesses étrangères. A partir du XVe siècle, ils se choisissent, dans leur harem, des concubines, mais ne les épousent pas. Le mariage légal que Sulayman accorda à son esclave favorite Roxelane est l'une des très rares exceptions à cette règle. Les esclaves montent en grade selon l'intérêt plus ou moins durable que le sultan leur témoigne. Elles passent ainsi du rang de *guzde* à celui de *khass odalisk* et peuvent alors espérer devenir l'une des quatre concubines privilégiées du souverain, les *kadim*. La première d'entre elles qui lui donne un fils accède au rang de *bach kadim* et a priorité sur les autres.

L'autorité suprême sur tout le harem revient à la mère du sultan, la *sultane valide*. Elle a préséance sur la *bach kadim*, s'il y en a une, et commande à tout le harem. Son autorité se maintient jusqu'à sa mort ou jusqu'à celle du sultan, son fils, s'il décède avant elle. Pour détenir cette autorité, pour que leur fils puisse un jour régner, les pensionnaires du harem, les *kadim* en particulier, se livrent une guerre sans merci, essayant

Le terme harem dérive du mot arabe le *harim* – espace inviolable – et fut employé à la fois pour l'ensemble des femmes d'un palais et les appartements où elles vivaient recluses. Le harem des sultans ottomans était divisé entre le premier palais construit par Mehmed II, le vieux palais, et celui de Topkapi. A Topkapi, les femmes se partageaient une chambre à trois ou quatre et chaque chambre était servie par vingt eunuques. A leur tête, se trouvait un *agha* (à gauche). Quand l'une des concubines tombait enceinte, elle était transférée au vieux palais où vivaient la mère et la famille du sultan. Si elle avait un fils, il était élevé au palais. Ce fut Roxelane qui changea l'ordre établi, lorsque le sultan lui accorda le mariage. La mère de Soliman étant décédée, et le prince Mustafa, son fils aîné, né d'une autre concubine, ayant quitté le vieux palais pour être gouverneur, Roxelane vint avec ses enfants habiter Tokapi. Après Soliman, les sultans s'éloignèrent de la vie politique, retirés dans le harem comme une «perle cachée dans la coquille d'une huître».

Y eut-il complot pour renverser Soliman et introniser son fils ? Roxelane, qui voulait la place nette pour les siens, et le grand vizir Rustem Pacha, son gendre, parvinrent à en convaincre Soliman. Pour éviter une guerre civile, le sultan ordonna la mort de Mustafa (ci-contre).

de gagner à leur cause les eunuques noirs et surtout leur chef, le *kizlar aghazzi*, dont l'influence est toute-puissante sur la destinée des concubines. Dans cette atmosphère luxueuse mais confinée, en vase clos, les passions s'exacerbent ; les jalousies, les intrigues mènent souvent jusqu'au crime. On a justement reproché à Roxelane d'avoir usé de son influence sur Sulayman pour évincer de la succession au trône, en l'accusant de rébellion, Mustafa fils aîné du souverain, né d'une autre esclave. Mustafa est assassiné pour raison d'Etat, pour sauvegarder l'unité de l'empire, laissant ainsi la voie libre aux fils de Roxelane. L'influence de cette dernière s'exerça par ailleurs dans d'autres domaines et la favorite n'est pas étrangère à la chute du grand vizir Ibrahim. Cette immixtion du harem dans les affaires intérieures de l'Etat s'affirmera dangereusement au cours des siècles suivants, pesant sur le destin de l'empire.

## Si le palais est le pôle de la vie administrative et politique, le grand Bazaar est celui de la vie commerciale

Dans chaque quartier un marché central assure l'approvisionnement des habitants, mais le cœur commercial de la cité est le grand Bazaar qui s'étend sur un immense espace, englobant deux *bedestan*, un complexe de ruelles commerçantes, le *carshi*, des caravansérails, les *khans*.

Les *bedestan* sont de massives et solides constructions de pierre couvertes de petites coupoles. A l'intérieur, les allées se croisent ; dans les échoppes qui s'entassent, sont entreposées les marchandises les plus luxueuses : tapis, fourrures, porcelaines, orfèvrerie, bijoux, pierres précieuses et textiles somptueux (velours, soies brodées de fils d'or et d'argent). C'est là aussi que se traitent les grandes affaires commerciales, les importants mouvements de fonds, les transactions monétaires.

Autour des *bedestan* s'enchevêtrent les soixante-sept ruelles du *carshi* bordées d'échoppes. Les artisans qui s'y regroupent par corporation ont contribué à la dénomination des rues : rue des Tailleurs, des Bottiers... Quelques métiers sont exercés plus particulièrement par certains groupes ethniques.

A proximité se trouvent les *khans* où logent les négociants qui font commerce entre plusieurs régions et où ils peuvent entreposer leurs marchandises. Dans ces caravansérails, se pratiquent les ventes en gros.

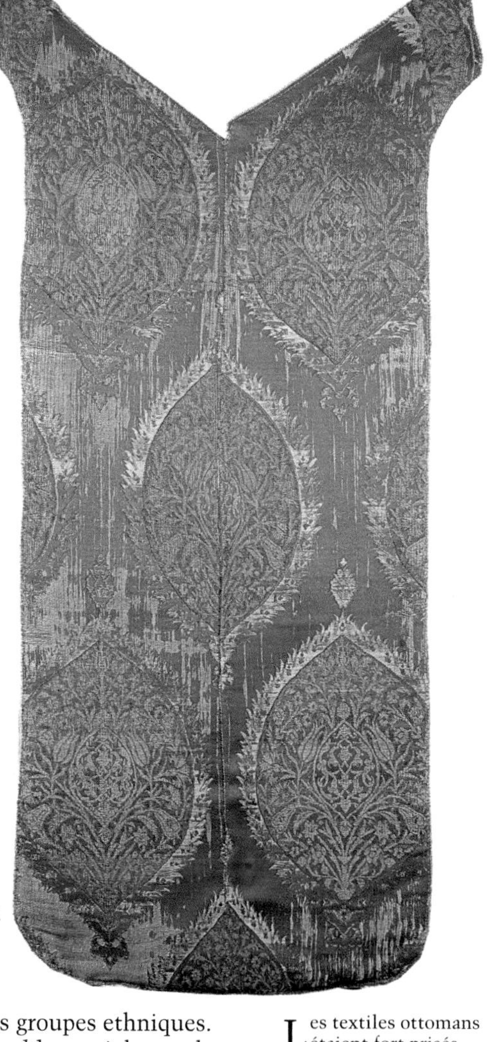

Les textiles ottomans étaient fort prisés en Europe où nombre d'entre eux servirent à confectionner des vêtements liturgiques.

Durant la journée, le grand Bazaar fourmille d'une activité débordante ; la population bigarrée d'Istanbul s'y croise, s'y presse. Mais dès que tombe la nuit, le marché se vide, les portes se referment. Seuls veillent les gardes de nuit des corporations.

Les activités économiques sont contrôlées par un fonctionnaire du gouvernement : le *muhtasib*, fonction datant de l'époque abbasside. Il surveille les marchés urbains, la régularité des transactions, l'exactitude des poids et mesures, la qualité et l'honnêteté des fabrications, le bon aloi des monnaies. Il s'assure que les ordonnances gouvernementales sont respectées, inspecte les produits finis, y appose l'estampille officielle, participe à la fixation des prix de tous les articles. Il contrôle également qu'il n'y ait pas d'accaparement de marchandises en cas de disette. Enfin, il veille à la moralité publique.

Les petits détaillants du *carshi* vendent en majorité «des produits alimentaires, de vêtements, des chaussures ou babouches, des drogues, des parfums, des étoffes». Les artisans travaillent dans leur boutique. Il y a aussi des marchands ambulants qui circulent dans les rues de la ville, leur hotte sur le dos, remplie de fruits ou de légumes.

## Située au carrefour des voies maritimes et terrestres qui relient l'Europe, l'Asie et l'Afrique, Istanbul est la plaque tournante des courants commerciaux

La consommation quotidienne de la capitale nécessite à elle seule un énorme apport de marchandises qui lui vient en priorité de ses provinces : moutons et agneaux des Balkans, blé des provinces danubiennes et de la mer Noire, riz, sel, canne à sucre, dattes d'Egypte... A cela s'ajoutent les matières premières : bois de charpente des monts Taurus, plomb et argent de Bosnie et de Serbie, fer de Bulgarie... L'Etat intervient dans le domaine des denrées de première nécessité pour assurer à la population d'Istanbul un approvisionnement et des prix réguliers, mais laisse aux agents du grand commerce le trafic des produits artisanaux et des articles de luxe : savons d'Alep, verrerie d'Hébron, faïence d'Iznik, velours et soieries de Brousse, tapis d'Ushak ou du Caire, lin du delta du Nil et du Fayoum, draps d'Edirne, tissu mohair de la région d'Ankara...

Ces produits n'alimentent pas uniquement le marché intérieur, ils font aussi l'objet d'un commerce actif sur l'Occident, commerce tenu en majeure partie par les marchands étrangers : Vénitiens, Génois, Polonais, Moscovites auxquels s'adjoignent les Français sous l'effet de l'alliance politique et militaire de Soliman et François Ier. Ces commerçants

« Les marchandises importées à Istanbul sont entreposées soit dans les dépôts de l'Etat, soit dans ceux des grossistes, qui sont souvent aussi de grands négociants ; ensuite a lieu la répartition. S'il s'agit de matières premières et de produits à transformer, ceux-ci sont livrés aux intendants des fabriques gouvernementales et aux artisans et, une fois transformés, passent dans le circuit commercial, sauf pour ce qui sort des fabriques gouvernementales, qui ne fait pas l'objet d'un commerce public. S'il s'agit de denrées alimentaires ou de produits fabriqués, ceux-ci sont répartis entre les commerçants détaillants (boutiquiers ou marchands ambulants). A tous ces stades s'exerce le contrôle de l'Etat, complété par le contrôle interne effectué par chaque corporation sur ses ressortissants. [...] Les matières premières et produits indispensables à la construction des navires, à la fabrication des canons et des armes, à la préparation de la poudre, à la frappe des monnaies font l'objet d'un monopole d'Etat, et l'exportation en est interdite. »

Robert Mantran

Certains marchés sont spécialisés comme l'odorant marché aux épices, proche du grand Bazaar.

s'approvisionnent également en produits venus d'Extrême-Orient : musc, porcelaine, épices et parfum. En retour, ils fournissent à la capitale de quoi répondre aux besoins d'une métropole en pleine expansion et d'une cour avide de luxe et de richesse : de l'étain et de l'acier d'Angleterre, de la quincaillerie d'Europe centrale, des esclaves blancs des pays du nord de la mer Noire, de l'ambre, des fourrures de prix (zibeline, hermine, renard noir du Grand Nord) ainsi que des oiseaux de chasse, faucons et gerfauts, des miroirs de Venise, de l'or et des esclaves noirs du Soudan, des pierres précieuses...

En 1536, Ibrahim Pacha conclut avec l'ambassadeur de France, Jean de la Forêt, la première capitulation (ci-dessous) confirmant les privilèges octroyés aux commerçants français.

## L'institution des capitulations favorise l'arrivée et l'implantation des marchands étrangers dans l'empire

Les capitulations sont des concessions que le sultan accorde aux ressortissants d'une nation étrangère et qu'il s'engage à respecter. Elles déterminent leur statut juridique et les conditions dans lesquelles ils peuvent s'établir dans l'empire et commercer. Si ces conditions ne sont pas remplies, le sultan se trouve délié de son engagement. Les capitulations permettent surtout l'établissement à Istanbul de représentants officiels des nations.

C'est aux Français que Soliman le Magnifique accorde les premières capitulations, mais elles ne sont ratifiées qu'en 1569 par Selim II. Elles leur reconnaissent, entre autres, le droit d'être représentés officiellement dans les «échelles» du Levant – c'est-à-dire les principaux ports de Méditerranée orientale : Istanbul, Smyrne, Chypre, Alexandrie, Tripoli, Tunis et Alger – et leur donnent aussi «le droit de pavillon», un immense avantage commercial.

Les boutiques du Bazaar sont munis de coffres-forts et d'un auvent mobile, qui sert de volet de fermeture.

«Tout marchand d'une puissance occidentale quelconque qui veut commercer avec les Etats du Grand Seigneur, ne peut le faire que sous la bannière et la protection de la France.» Les Vénitiens en 1540, les Anglais à la fin du siècle, les Hollandais en 1612 obtiennent eux aussi des capitulations et font dès lors une concurrence sérieuse aux marchands français. A la fin du XVII^e siècle, presque tous les pays d'Europe ont obtenu des capitulations.

Mais l'empire décline. Au cours des deux siècles suivants, de concessions en concessions, de privilèges en privilèges, les capitulations finissent par représenter un «instrument de domination économique» dont usent et abusent les Occidentaux. Non seulement le commerce extérieur de l'empire est tenu par les étrangers, mais également les services publics. Les capitulations ne seront abolies qu'en 1923.

Introduit à Istanbul au milieu du XVI^e siècle, le café est servi dans les *kahvane*, des établissements autour des bazaars et devient vite à la mode. Les gens se pressent pour boire le café brûlant servi dans de petites tasses sans anse et jouer au tric-trac et aux échecs.

## Dans chaque quartier se trouvent des bains publics, les hammams, caractéristiques des villes islamiques

Les bains permettent aux fidèles de satisfaire aux exigences de pureté corporelle requise par le Coran et sont en même temps des centres de délassement, de rencontre et de distraction. Reconnaissables aux multiples coupoles serties de cabochons de verres qui les recouvrent, ces édifices de dimensions diverses, souvent luxueusement décorés de marbre, suivent le principe des thermes romains : salles d'accueil et de vestiaire, salles tièdes de massage et d'épilation, étuves.

Ces hammams sont gratuits et la plupart d'entre eux font partie de fondations pieuses instituées *waqf*. Les habitants de la ville viennent s'y faire laver, masser, épiler, mais aussi et surtout s'y retrouver entre amis et connaissances, établir des contacts, s'informer. Certains sont réservés aux femmes, d'autres fonctionnent alternativement pour les hommes et pour les femmes et il en existe aussi pour les juifs et pour les chrétiens. Les femmes y passent de longues heures, accompagnées de leurs esclaves et de leurs enfants, emportant avec elles des paniers de victuailles. Elles s'évadent ainsi du harem. Certaines cérémonies se passent au hammam comme la présentation de la nouvelle mariée. Vers la fin du règne de Soliman, la dégustation de café est l'un des attraits supplémentaires de ces lieux de détente.

« Les bains sont coutumièrement fréquentés des Turques. Les femmes s'y acheminent volontiers de grand matin pour demeurer jusqu'à l'heure du dîner, étant accompagnées d'une ou deux esclaves, l'une portant sur la tête un vase de cuivre étamé de la forme d'un petit seau à tirer l'eau, et dans lequel il y a une fine et longue camisole de coton tissé, avec une autre chemise, braies. [...] Entrées dans le bain, elles renversent le vase la bouche dessous et le fond dessus, pour plus commodément s'y pouvoir asseoir. Et lors, les esclaves les lavent et les frottent par tout le corps. »

Nicolas de Nicolaï

Le hammam est «une construction de pierre, en forme de dôme, sans ouverture, sauf dans le toit, ce qui suffit à donner de la lumière» (Lady Mary Montagu).

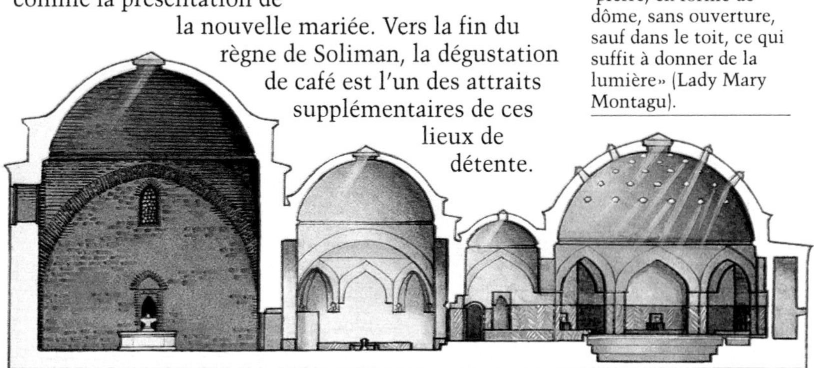

**Le cortège du sultan**

L'un des spectacles que prisent particulièrement les Stambouliotes est celui du cortège du sultan lors de la grande prière du vendredi : «Les principaux de sa cour marchent à cheval devant lui, et chacun plus proche de sa personne, à proportion de leurs charges et de leurs dignités. Quelques pages les plus considérables de sa chambre allaient aussi à cheval derrière lui, comme gens employés aux plus grands offices de son service particulier; et quoiqu'on les appelle pages. Aux environs de ce prince marchaient encore confusément plusieurs troupes de soldats à pied, d'autres qui font office de courriers pour porter les dépêches, et courent à pied d'une vitesse extraordinaire; et chacun selon son office, ils ont tous des livrées différentes avec de riches parures, et des bouquets de plumes sur la tête fort beaux et fort lestes» (Pietro della Valle, vers 1626).

Au XVI^e siècle, l'art ottoman est à son apogée. Ayant opéré la synthèse de ses propres apports et des influences multiples qui l'ont imprégné, il affirme sa vitalité, son originalité, son caractère impérial. Ses créations, en particulier dans le domaine architectural, magnifient le pouvoir qui les inspire et c'est dans les ateliers impériaux que prennent naissance les principaux thèmes décoratifs.

CHAPITRE V

# L'ÉLAN ARTISTIQUE

Lors des fêtes offertes en 1582 par Murad III, la corporation des architectes lui présente ici la maquette de la mosquée Suleymaniyye, en hommage au génie de Sinan qui l'a édifiée.

La nécessité de reconstruire Constantinople, les ressources prodigieuses de l'empire ont été le prélude à une fièvre de construction qui s'étend à tout le XVI^e siècle. Mais, alors que l'architecture religieuse est une architecture de prestige, conçue pour traverser le temps et dont il demeure de multiples exemples, il ne subsiste que de rares témoins de l'architecture palatiale. La longévité du palais de Topkapi est sans doute le fait de son site extraordinaire. Les souverains qui s'y sont succédé durant quatre cents ans et en ont fait le cœur de l'empire ont contribué à son développement et à sa survie.

La grande mosquée d'Afyon Karahisar (1272) fait partie des mosquées seldjuqides d'Anatolie, au plafond de bois reposant sur des colonnes également en bois (à droite). Ce type de colonnes originaire du Turkestan a été transmis par les Turcs.

## La mosquée est l'édifice religieux par excellence du monde islamique

Elle est orientée en direction de La Mekke vers laquelle les musulmans se tournent pour prier. Cette orientation, la *qibla*, est marquée par une niche vide, le *mihrab*, au centre du mur qui fait face à la ville sainte.

Au cours des premiers siècles de l'islam, le plan des mosquées suivit, avec quelques variantes, le prototype établi par la grande mosquée des Umayyades érigée à Damas, en 715, par le calife al-Walid : une salle de prière hypostyle qui ouvre directement sur une cour entourée de portiques.

Au XI^e siècle, les Seldjuqides d'Iran transforment ce plan en y intégrant une structure architecturale de tradition partho-sassanide : l'*iwan*, grande salle en berceau brisé, fermée sur trois côtés, entièrement béante sur le quatrième. Les *iwan*, au nombre de un à quatre, ouvrent sur la cour intérieure

Avec la salle de prière et ses portiques sous plafonds, le plan type de la Grande Mosquée des Umayyades à Damas (ci-dessus) est parmi les plus courants des pays du bassin méditerranéen. Au cours des premiers siècles, ce plan a été aussi employé en Iran et en Afghanistan. Souvent, une petite coupole au décor important s'insère au-dessus du *mihrab*.

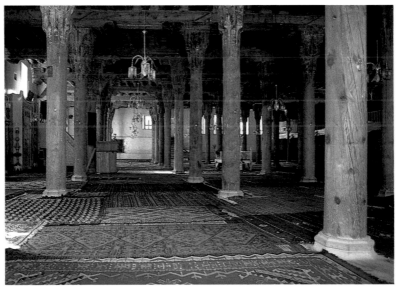

et l'*iwan* principal introduit à une salle sous coupole où se trouve le *mihrab*.

En Anatolie, dès le XIIIe siècle, les architectes orientent leurs recherches sur le volume intérieur de la salle de prière qu'ils tentent à la fois d'agrandir et d'évider. Parmi les édifices seldjuqides de Konya, les petites mosquées à coupole unique, tout comme les majestueuses *medrese* Karatay et Ince Minarelli à cour centrale recouverte d'un immense dôme, reflètent ces préoccupations.

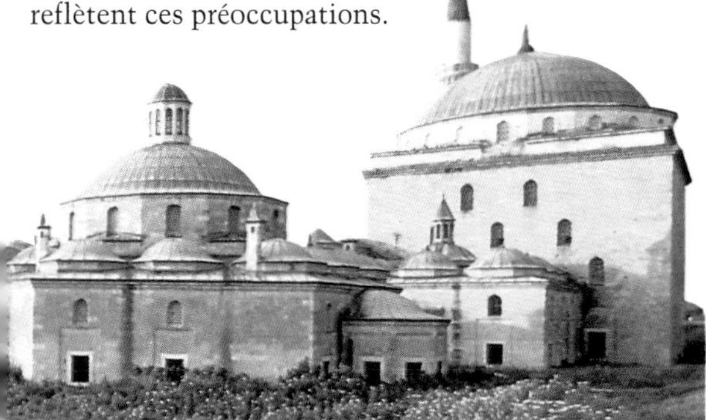

Dans le complexe de Bayazid Yilderim d'Edirne (1488) (ci-dessous), l'architecte Khayreddin a couvert la mosquée – un cube de pierre – par une coupole et employé l'*iwan* et les coupoles multiples pour les annexes : *medrese*, entrepôts, cuisine, boulangerie, réfectoire, ainsi que l'hôpital et l'asile psychiatrique de forme hexagonale. Les malades mentaux y étaient souvent traités par la musique. La construction d'hôpitaux, dont les plus anciens exemples qui nous sont parvenus datent du XIIe siècle, fut le fait de souverains ou de grands dignitaires.

## Mais c'est avec les Ottomans que se définit, au cours des siècles, la mosquée à plan centré

Diverses solutions sont tout d'abord proposées. A Brousse, la mosquée Ala al-Din (1326) est à coupole unique, mais à la Grande Mosquée (1389) est adopté le principe de coupoles multiples recouvrant la salle de prière dans laquelle la cour est intégrée. L'espace intérieur, considérablement accru, demeure cependant découpé par les douze piles massives qui soutiennent les coupoles.

Sur ce plan latéral de la Mosquée Verte (ci-dessous), apparaissent la coupole de la salle de prière en saillie et celle, à lanternon, qui recouvre l'espace central. Le vestibule comporte deux loggias de part et d'autre de l'entrée et, au-dessus, la loge du sultan. Dans le décor d'un luxe inouï des salles attenantes et dans le *mihrab*, se mêlent des carreaux de céramique monochromes rehaussés d'or et d'autres peints selon la technique de la «cuerda seca» qui consiste à séparer les couleurs par un trait gras qui disparaît à la cuisson. En haut, *mihrab* en mosaïque de céramique de la mosquée Ala-al-Din à Ankara (fin XIIIe siècle).

La Mosquée Verte, Yechil Djami (1424), également à Brousse et qui doit son nom au somptueux décor de céramique, à dominante verte ou bleu lapis lazuli, qui revêt ses murs, illustre un plan complètement différent, dit le plan en T renversé, constitué par trois salles attenantes sous coupole ; celle du milieu, autrefois la cour, donne accès à la salle de prière en saillie, de dimensions plus importantes ainsi que le dôme qui la surmonte. Certaines de ces mosquées sont précédées d'un portique.

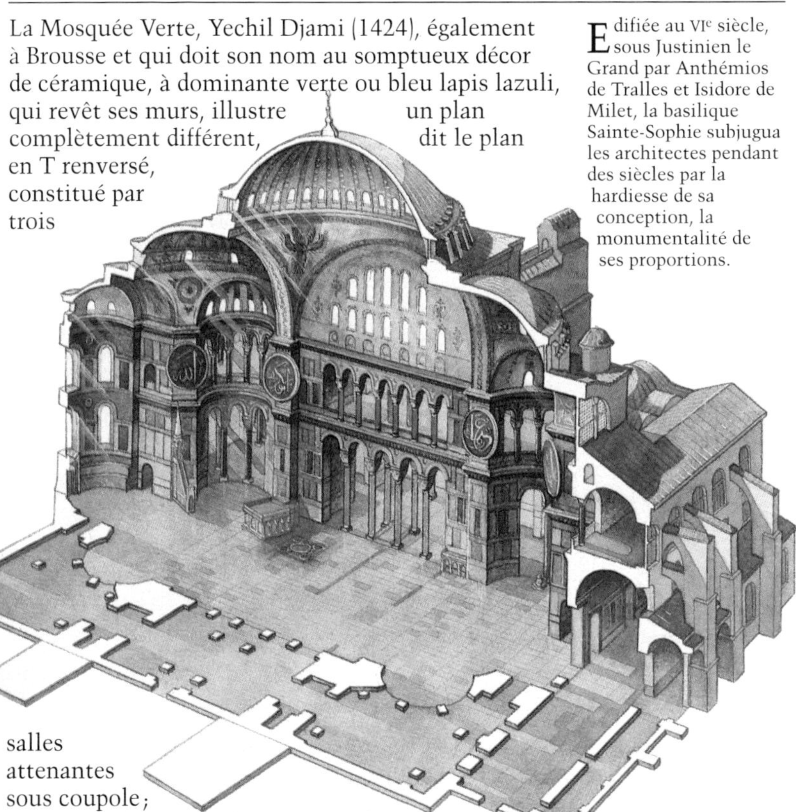

Edifiée au VIe siècle, sous Justinien le Grand par Anthémios de Tralles et Isidore de Milet, la basilique Sainte-Sophie subjugua les architectes pendant des siècles par la hardiesse de sa conception, la monumentalité de ses proportions.

Cet exemple motiva les Ottomans dans leurs recherches architecturales et Sinan emprunta également à l'édifice la transparence de ses grands murs percés de fenêtres qui laissaient pénétrer à flots la lumière.

Les mosquées à plan centré sont les plus nombreuses. Les architectes ottomans rêvent d'égaler, voire de surpasser, le modèle prestigieux de la basilique Sainte-Sophie et de sa coupole de 31 mètres de diamètre qui culmine à 54 mètres au-dessus du sol. Cependant, si l'espace interne devient plus vaste sous des coupoles de plus grandes dimensions, le raccordement des volumes cubique et sphérique de la salle de prière et du dôme demeure malhabile ; l'articulation harmonieuse des différentes parties de l'édifice et leur unité n'ont pas encore été réalisées. Ce sera l'œuvre de Mimar Sinan.

## L'art architectural est dominé par le génie et la créativité de Sinan, l'architecte de Soliman

C'est à Mimar Sinan, un janissaire dont il a reconnu la valeur lors de la construction d'un pont sur le Danube, que Sulayman confie l'exécution des majestueux complexes dont il dote Istanbul. Il en fait son architecte en chef, le met à la tête du génie civil et militaire, avec la charge de construire et de restaurer des édifices dans tout l'empire. Son œuvre colossale englobe plus de trois cents monuments : mosquées, tombeaux, ponts, aqueducs, citernes, bains... sans oublier les impressionnantes cuisines du palais de Topkapi.

Sinan définit les canons de la mosquée classique ottomane. De plan centré, ses édifices élèvent vers le ciel leurs formes pyramidales. Les volumes harmonieusement étagés qui mènent par degrés à la grande coupole se lisent également dans l'aménagement du vaste espace intérieur où la lumière tamisée des nombreux vitraux pénètre librement. Les minarets fuselés équilibrent la masse de la coupole, accentuent

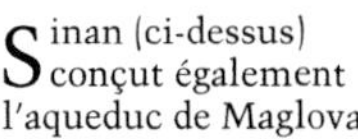

Sinan (ci-dessus) conçut également l'aqueduc de Maglova

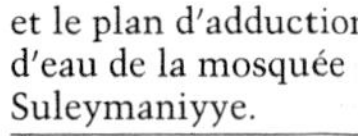

et le plan d'adduction d'eau de la mosquée Suleymaniyye.

son élévation, tandis que les multiples bâtiments annexes, intentionnellement plus bas que la mosquée, groupés autour d'elle, amplifient son élan et semblent la porter.

Sinan n'atteint pas d'emblée la vision parfaite qu'il recherche. Il dit lui-même à la fin de sa vie : «La Shehzade fut mon œuvre d'apprenti, la Suleymanyye mon œuvre d'ouvrier, la Selimiyye mon œuvre de maître.»

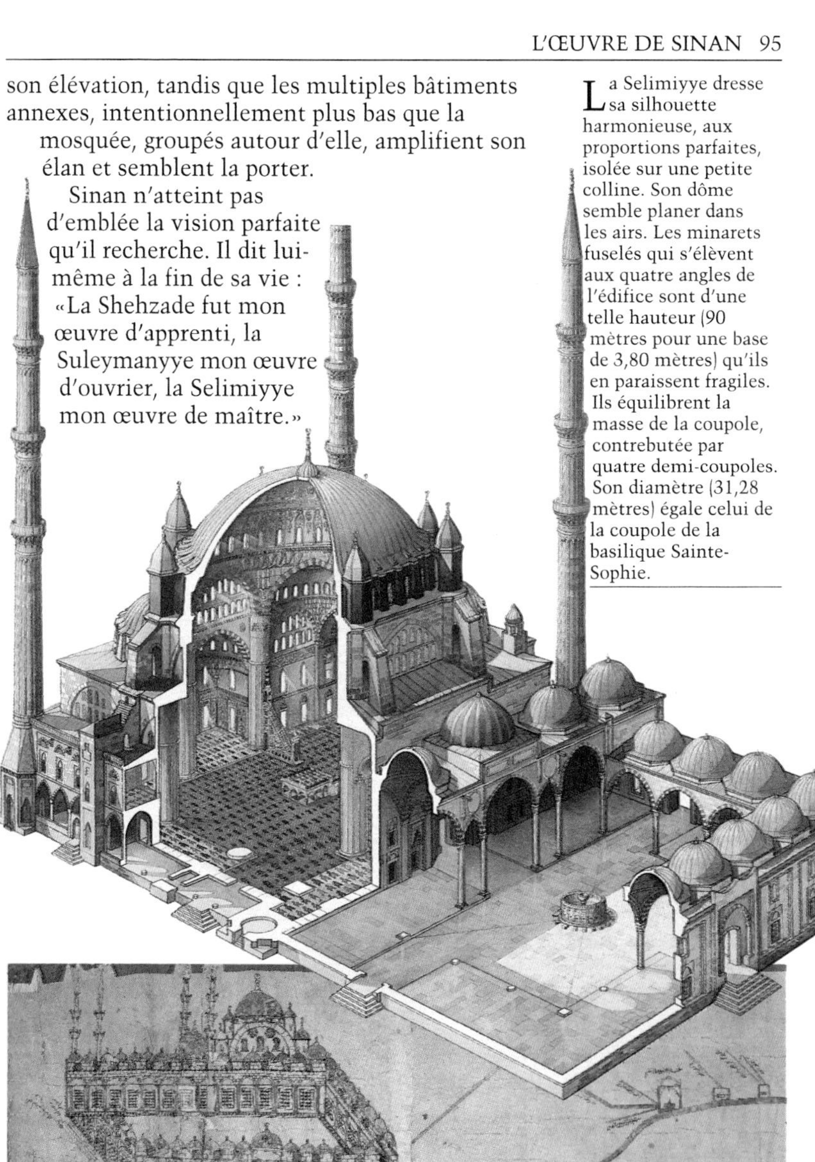

La Selimiyye dresse sa silhouette harmonieuse, aux proportions parfaites, isolée sur une petite colline. Son dôme semble planer dans les airs. Les minarets fuselés qui s'élèvent aux quatre angles de l'édifice sont d'une telle hauteur (90 mètres pour une base de 3,80 mètres) qu'ils en paraissent fragiles. Ils équilibrent la masse de la coupole, contrebutée par quatre demi-coupoles. Son diamètre (31,28 mètres) égale celui de la coupole de la basilique Sainte-Sophie.

Il a quatre-vingts ans lorsqu'en 1574 il achève cette dernière mosquée, son chef-d'œuvre.

## Les successeurs de Sinan prennent ses mosquées comme modèles mais ne cherchent pas à innover

La Mosquée Bleue du sultan Ahmed Ier, construite en 1617 par l'architecte Mehmed Agha, clôt l'ère des grandes mosquées sultaniennes. Immense, majestueuse, impressionnante par ses dimensions, elle reprend néanmoins le schéma de la mosquée Shehzade de Sinan tout en introduisant un élément nouveau : les six minarets qui l'encadrent. Elle doit son nom au luxueux revêtement de céramiques, qui se déploie à l'intérieur, jusqu'à mi-hauteur, sur les murs et les imposants piliers. Sinan utilisa pour la première fois ce type de décor, à la mosquée Rustem Pasha en 1556, où les panneaux de céramique, aux compositions multiples et variées, sont disposés sur les murs comme autant de tapis.

L'élan créateur qui a présidé à la prodigieuse activité

Située sur l'hippodrome face à Sainte-Sophie et dominant la mer de Marmara, la Mosquée Bleue est la plus grande d'Istanbul : 64 sur 72 mètres et sa coupole de 23 mètres de diamètre culmine à 43 mètres. Ses volumes étagés lui confèrent l'aspect pyramidal, ascendant des mosquées de Sinan. Le revêtement intérieur de céramique nécessita plus de vingt mille carreaux provenant des ateliers d'Iznik. Dans la partie supérieure, il est remplacé par un décor peint.

architecturale du XVI^e^ ne se renouvellera plus. Seules deux mosquées importantes marquent les siècles suivants : la Yeni Djami achevée en 1663 et la Nur-i-Osmaniye en 1756. Les sultans n'attachent plus leur nom à de grands complexes mais se contentent d'ériger des édifices beaucoup moins imposants et moins coûteux.

## Les thèmes décoratifs qui ornent les édifices sont fournis par le *nakkash-khane*, atelier des peintres du palais

Le *nakkash-khane* est la division la plus importante du *ehl-i-hiref*, le corps des artisans du palais. Les peintres ne sont pas uniquement chargés d'illustrer et d'enluminer les manuscrits. Ils dessinent également le décor des reliures et des objets d'art, préparent les compositions picturales qui ornent les coupoles et les plafonds du palais et des grands édifices religieux, fournissent aux céramistes ainsi qu'aux ateliers de textiles et de tapis les cartons de leurs motifs décoratifs.

Ce rôle prépondérant du *nakkash-khane* explique l'affinité de décor des diverses réalisations de l'art

Les artisans et les artistes du palais œuvraient à l'entretien et à l'embellissement des édifices.

ottoman : manuscrits exécutés à Istanbul, céramiques d'Iznik, velours et soies de Brousse...

Pour l'exécution des somptueux manuscrits, travaillent en collaboration les *warraq* qui préparent le papier, les calligraphes, les peintres, les enlumineurs, les doreurs et les relieurs. Dans le monde islamique, le calligraphe a la prééminence sur tous les autres artistes en raison du caractère sacré de l'écriture arabe, véhicule de la révélation coranique.

Deux artistes célèbres ont marqué de leur empreinte l'art de la calligraphie ottomane : Cheikh Hamdullah, qui, à la demande de Bayazid II (1481-1512), réinterpréta de façon personnelle les six styles principaux de la calligraphie cursive – *al-aqlam al-sitta* – et Ahmed Karahisari en faveur auprès de Soliman le Magnifique. Il maîtrisait parfaitement les six styles d'écriture, employant parfois plusieurs d'entre eux, alternativement, pour une même œuvre. Il se distinguait dans le style *thulth,* mais ne craignait pas d'innover, reliant par exemple les lettres entre elles de façon inhabituelle. L'excellence de son écriture monumentale le fit requérir pour le décor des édifices sultaniens.

Dans les albums de peinture, les recueils de vers ou d'exercices de calligraphie, l'enluminure enrichit les marges, parfois même couvre toute la page. La virtuosité des enlumineurs

Lorsqu'à la fin du VIIe siècle l'arabe fut institué langue officielle de l'empire islamique, les Persans et les Turcs l'adoptèrent et utilisèrent sa graphie pour leur propre langue. L'écriture se développa rapidement, devint l'un des éléments majeurs du décor, en architecture comme sur les objets d'art. Des styles différents apparurent, chacun d'eux régi par des règles très strictes. La *tughra* des sultans ottomans témoigne de l'extrême virtuosité des calligraphes.

s'exerce particulièrement dans le décor des *tughra*. L'or, le lapis-lazuli sont employés à profusion. De nouveaux motifs enrichissent le vocabulaire décoratif, telle la feuille *saz*, étirée, dentelée ou les fleurs presque naturalistes groupées en bouquets :

Ahmed Karahisari a calligraphié ce double frontispice de Coran. Les buissons fleuris sont du style de Karamemi.

pivoines, tulipes, jacinthes et œillets, parfois remplacés par des roses, qui constituent le décor dit «des quatre fleurs».

## La peinture ottomane s'affirme au XVIe siècle

A partir de cette époque, la peinture ottomane, influencée à ses débuts par l'Iran, va exprimer ses qualités particulières, son originalité. Différentes tendances se précisent : d'une part un style hautement décoratif, particulier au XVIe siècle, d'autre part un goût du réalisme et du narratif qui sera à

Sur ce yatagan de Soliman, une inscription énumère ses titres : «Très grand, très juste, très honorable souverain des nuques des nations, maître du roi des Turcs, des Arabes et des non-Arabes, [...] ombre de Dieu sur les deux terres.»

l'origine du développement du portrait et des biographies historiques illustrées.

Originaire de Tabriz, entré à l'atelier des peintres vers 1520, Shah Quli est le créateur d'un style nouveau, d'inspiration iranienne et chinoise, le style *saz*. Le mot *saz* en turc signifie «roseau et forêt». Dans le contexte mythologique de l'Asie centrale, il évoque la résurrection de la nature au printemps, une forêt à la végétation exubérante où vivent des bêtes réelles et mythiques, mais également des êtres féeriques : les *peri*. Shah Quli interprète ce thème dans des compositions exécutées à la plume de roseau. Il traduit la forêt par de longues feuilles souples, dentelées, parfois même acérées, douées d'une extraordinaire vitalité et par des fleurs plus statiques, épanouies, étranges, somptueuses. Il la peuple de lions, d'oiseaux, de dragons, de *peri*. Il est suivi et imité par d'autres artistes, en particulier Veli Çan à la fin du siècle, mais l'importance du style qu'il a créé réside surtout dans l'utilisation par les arts décoratifs des éléments principaux de ses compositions : la feuille *saz* et les fleurs *hatayi* dérivées du modèle chinois.

Les compositions *saz* sont peintes à la plume de roseau, le *qalam*, soulignant le graphisme des courbes ou détaillant minutieusement les longues feuilles.

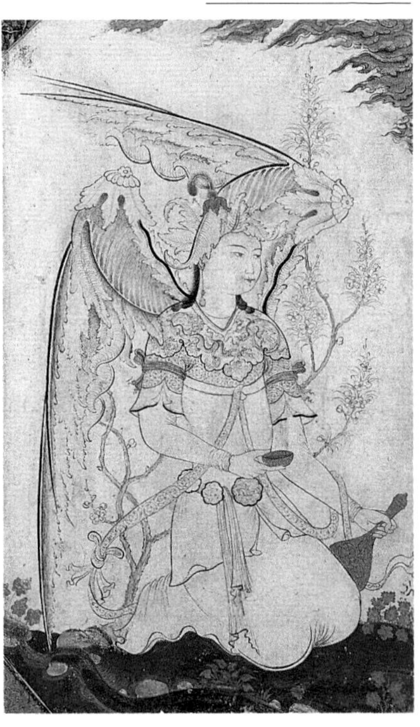

Cette représentation d'une *peri* date du milieu du XVIe siècle. Les contours sont plus souples et plus doux, d'une texture presque veloutée, obtenue par de multiples traits de plume, d'une finesse extrême, rehaussés de touches d'aquarelle, de gouache et d'or.

**Le réalisme du portrait**

Jusqu'au XVe siècle, l'art du portrait est inconnu dans le monde islamique. Les représentations de souverains ne sont que la figuration symbolique d'un personnage, le plus souvent assis en position frontale, tenant la coupe, figure du monde.

Les premiers portraits apparaissent à l'époque de Mehmed II Fethi, sous l'influence d'artistes italiens, comme Gentile Bellini ou Constanza de Ferrare, que le sultan attira à sa cour. Mais c'est dans la seconde moitié du XVIe siècle, avec Haydar Re'is dit Nigari, que cet art se développe et s'épanouit et que se définissent ses caractéristiques : réalisme et recherche de vérité psychologique dans l'expression des visages, conformisme dans l'attitude des personnages dont le corps sans volume et sans relief disparaît sous l'ample costume richement décoré. Une légère tendance caricaturale se fait jour, qui s'accentuera notablement au cours des siècles suivants alors que se multiplient les ouvrages de généalogie illustrés de portraits en médaillons et les arbres généalogiques.

Le portrait à gauche de Murad IV (1623-1640) se rattache aux portraits en médaillon des ouvrages de généalogie se rapportant au prophète Muhammad et à la lignée des sultans ottomans. Ces ouvrages connurent un grand succès.

Le sens du narratif, de l'anecdotique, associé à une recherche de réalisme, caractérise l'illustration des nombreuses biographies historiques, réalisées à la gloire des souverains et qui racontent par le menu tous les événements de leur règne, tel le *Suleymanname*, biographie historique de Sulayman. Dans de grandes compositions aux couleurs vives qui s'étalent parfois sur une double page, les grands moments historiques – investiture du sultan, réception d'ambassadeurs, siège d'une ville, déploiement de l'armée au cours d'une bataille, mais aussi des détails plus anecdotiques – sont ainsi dépeints avec un souci souvent étonnant de précision.

Nigari (1494-1572), le plus grand portraitiste ottoman du XVIe siècle, était capitaine dans la marine et poète. Dans son portrait de Selim II (ci-dessus), il a su, non seulement rendre la corpulence du sultan, son visage congestionné par la boisson, mais aussi atteindre sa vérité psychologique.

L'un des événements les plus saillants du règne de Murad III fut la campagne victorieuse de Georgie et d'Azerbaïdjan, prélude d'une nouvelle guerre de longue durée avec l'Iran safavide. L'historien Gelibolulu Mustafa Ali, qui participa lui-même aux opérations militaires, en fit un récit vif et animé : le *Nusretname*. Cette double page est tirée d'une copie illustrée de ce manuscrit, exécutée en 1584. Les quarante et une miniatures qui ornent l'ouvrage sont de la même époque que le *Surname*, œuvre du peintre Osman et de son atelier, mais en diffèrent complètement par une plus grande liberté dans la composition, un plus riche emploi de la couleur, un souci des détails décoratifs, le traitement des vêtements, des tapis... A droite, Lala Mustafa Pacha qui dirige la campagne est assis sous sa tente. A cette attitude classique, statique, s'oppose la scène violente de l'exécution des prisonniers, représentée en bas. A gauche, s'anime la cavalcade étonnamment vivante des dromadaires, au registre central.

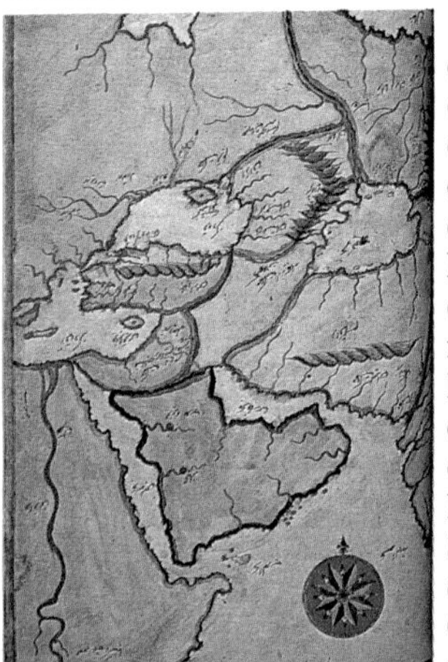

Les ouvrages de cartographie, les descriptions des villes et des ports sont une facette originale de l'art pictural ottoman au XVI^e siècle. Ils sont réalisés par des officiers de carrière, navigateurs comme Piri Re'is et Ali Madjar Re'is ou appartenant à l'armée de terre, tel Matrakdji Nasuh qui accompagna Sulayman durant la campagne des deux Iraq. Ces ouvrages descriptifs répondent à un besoin de connaissance des côtes de la Méditerranée, exigence vitale pour la navigation, et permettent par ailleurs au haut commandement militaire de prévoir, sur la base de données plus précises, les futures campagnes.

A l'époque des tulipes, sous le règne du sultan Ahmed III (1703-1730), la peinture ottomane déclinante au cours du XVII^e siècle connaît un dernier élan de créativité. On assiste à l'émergence d'un nouveau style, dominé par le peintre Levni, très influencé par la peinture européenne mais qui conserve ses caractéristiques traditionnelles.

Sur cette carte ottomane du XVII^e siècle apparaît la Méditerranée orientale, depuis l'Egypte jusqu'à l'Anatolie et les côtes de la Thrace. Les cartographes ottomans recherchaient toutes les sources possibles de renseignements. En 1513, pour tracer sa carte des cotes de l'Amérique, Piri Re'is n'avait-il pas consulté vingt cartes de l'époque hellénistique, huit provenant de géographes musulmans, quatre de Portugais, une enfin de Christophe Colomb lui-même? Il obtint également des informations d'un prisonnier espagnol qui avait accompli trois fois le voyage du Nouveau Monde.

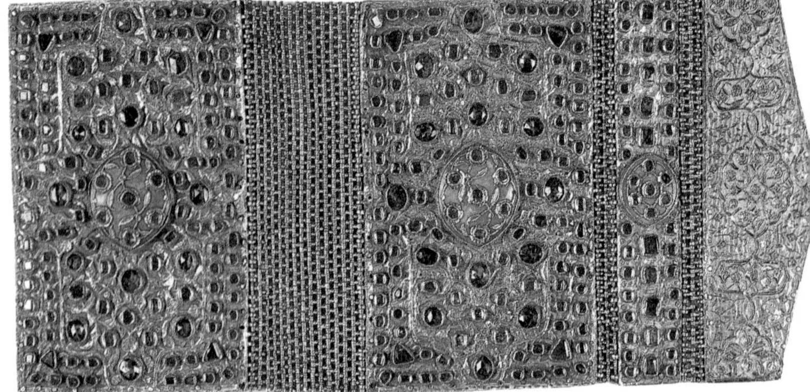

## Le trésor du palais de Topkapi ne donne qu'une faible idée de la splendeur des objets d'art

C'est à partir de Bayazid II et de Selim Ier que se généralise à la cour le goût du luxe favorisé par le patronat des souverains. La tradition ottomane voulait que ses princes s'initient à un travail manuel; Selim Ier et Soliman ont tous deux choisi d'apprendre l'orfèvrerie, accordant ainsi au métier d'orfèvre un prestige particulier. Les sultans recherchent la somptuosité des objets d'or et d'argent incrustés de pierres précieuses, suivant une technique spécifique aux artisans ottomans qui réalisent les objets les plus divers : bijoux, parures et armes, vaisselle d'apparat, coffrets et miroirs, écritoires, reliures... A l'éclat des métaux précieux et des pierres étincelantes se mêlent le chatoiement de la nacre et de l'écaille, la transparence du cristal de roche, le velouté du jade, la chaude matité de l'ivoire. Tous ces trésors ne sont cependant pas parvenus jusqu'à nous, car ils servaient aussi de réserve où les sultans puisaient en cas de nécessité, en général pour alimenter les finances militaires. Evliya Celebi, écrivain et voyageur ottoman du XVIIe siècle, dont les ouvrages sont une source d'informations importantes et variées, rapporte que Murad IV, en visitant le trésor pour la première fois après son accession au trône, fut atterré de le trouver si réduit et de constater en particulier la disparition de la vaisselle d'or. «Il remplit le trésor de ses larmes.»

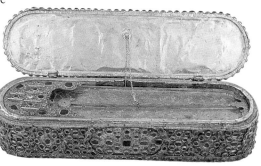

Les ateliers des joailliers et des orfèvres étaient situés dans la première cour du palais, à côté de l'atelier où l'on battait la monnaie. Parmi les objets parvenus jusqu'à nous, figure cette reliure de Coran (en bas à gauche) constituée par quatre plaques d'or réunies par des charnières de fils d'or et de perles. Les plaques sont incrustées de médaillons de jade gris et rehaussées de rubis et d'émeraudes montés en bâtes, reliés par un fin réseau de fils d'or. La petite boîte en or ajouré, ciselé, incrusté de plaques de turquoise et de rubis a peut-être contenu du contre-poison.

Des rubis, des émeraudes, des médaillons de cristal de roche ornent ce plumier en or. L'intérieur est en bois laqué. La tablette fixe où se trouvent les bacs à encre est rehaussé de diamants et de rubis.

## Les tapis et les somptueux textiles sont une des brillantes facettes de l'activité artistique

Brousse et Istanbul sont les principaux centres de tissage des velours, soieries façonnées et satins de soie rehaussés de fils d'or et d'argent au décor monumental : mandorles meublées de bouquets chatoyants, longues tiges ondulantes, semis… Tributaires jusqu'à la fin du XVIe siècle des cocons de soie iraniens, les Ottomans développèrent par la suite chez eux la culture du mûrier.

La production de tapis, dont les premiers exemples remontent au XIIIe siècle, est diversifiée. Des milieux traditionnels, villages ou tribus, ou de grands centres comme la région d'Ushak, proviennent des tapis de laine noués ainsi que des tapis tissés, les *kilim*. Leur décor fait appel à des éléments végétaux transformés

Soliman le Magnifique porte ici un kaftan de soie d'intérieur sur lequel est passé un kaftan de cérémonie sans manches doublé de fourrure, le tout finement brodé d'or, œuvre d'artistes talentueux.

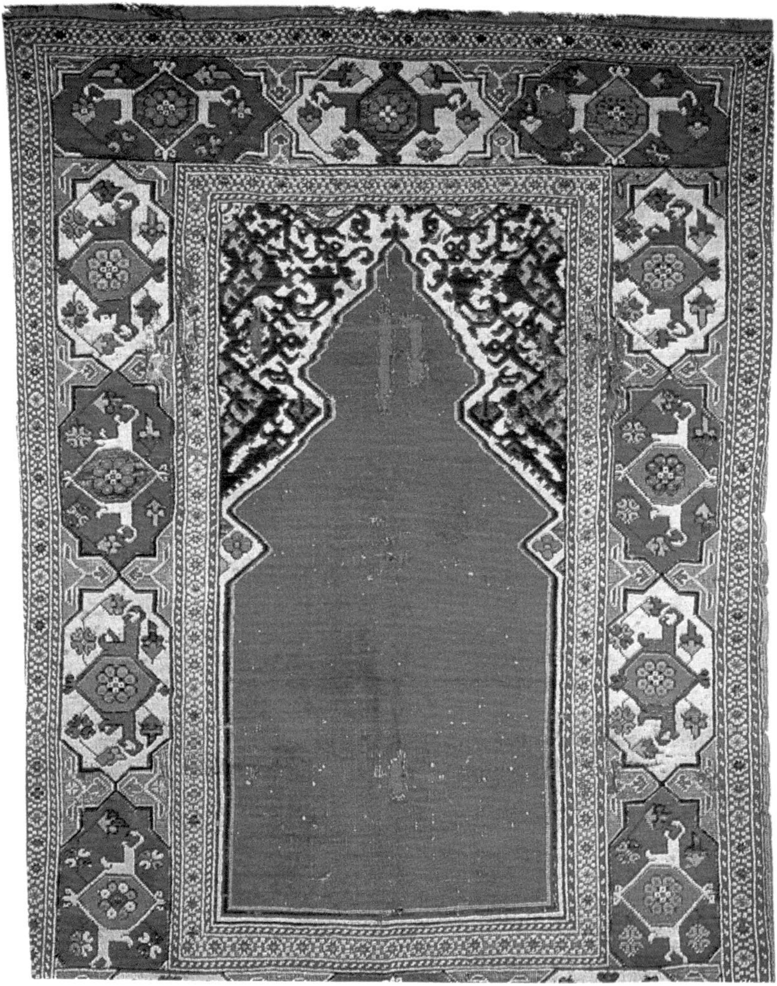

par la géométrisation et une stylisation très poussée. Ces tapis ont été très recherchés en Europe où ils sont exportés dès le XVe siècle et l'on donna à plusieurs d'entre eux le nom des peintres célèbres – Lotto, Holbein – qui les firent figurer dans leurs œuvres.

Des tapis de soie plus luxueux, destinés à la cour, ont été exécutés à Istanbul – d'aucuns pensent au

Les tapis de prière (ci-dessus) sont ornés dans le champ central d'une découpe en forme de niche évoquant un *mihrab*.

Caire – d'après les cartons élaborés par les artistes du *nakkash-khane*. Ceux-ci ont fourni également les décors des immenses tapis de laine aux niches multiples qui recouvrent le sol des grandes mosquées sultaniennes.

## La fécondité inouïe de la céramique d'Iznik

D'importants revêtements de céramique avaient orné les palais seldjuqides ainsi que les premiers monuments ottomans de Brousse et d'Edirne, mais c'est dans les ateliers d'Iznik, à partir de la fin du XVe siècle, que l'art de la céramique prend véritablement son essor.

La pâte siliceuse, blanche et très dure, est recouverte d'un «engobe» également siliceux mais enrichi de fritte (glaçure pilée) plombeuse sur lequel est peint le décor, lui-même recouvert d'une glaçure plombeuse transparente. Cette pâte donne à la cuisson une céramique d'un blanc profond, velouté et très brillant. La palette s'enrichit progressivement. Au camaïeu bleu cobalt de la fin du XVe et du début du XVIe siècle s'ajoutent tout d'abord le turquoise puis, dans le second quart du XVIe siècle, des tons pastels très doux : un vert tilleul, un lilas tendre, du gris, du violet de manganèse, cernés de noir. Vers 1550, éclate le rouge, un rouge brillant, gloire des céramistes

Le décor «bleu et blanc» associe l'épigraphie et des motifs *rumi* (arabesques aiguës) et *hatayi* (fleurs d'origine chinoise).

Sur cette plaque de revêtement en céramique de style *saz*, le rouge corail et le vert émeraude caractérisent la phase fnale du style d'Iznik.

d'Iznik, qui s'allie au bleu cobalt, au turquoise, à un vert profond et au noir.

Les premiers décors «bleu et blanc» sont influencés par la porcelaine chinoise, mais d'autres motifs font leur apparition : des arabesques et des nuages en rubans, une épigraphie anguleuse, de fins rinceaux en spirale proches de l'enluminure. Dans le décor polychrome, dominent le style *saz* et celui dit «des quatre fleurs». Au cours de la seconde moitié du XVIe siècle, apparaissent quelques représentations de personnages, d'animaux ainsi que de navires qui se font plus nombreuses sur les pièces plus tardives.

Extrêmement présente en architecture, la céramique tapisse l'intérieur des mosquées et des palais. La production des pièces de forme est tout aussi abondante. Certaines sont spécifiques du XVIe siècle : vasques de tailles impressionnantes, lampes de mosquée; d'autres se généralisent : grands plats, aiguières, bouteilles, écritoires, chopes et chandeliers.

La production décline au XVIIe siècle, sans doute sous l'effet du contexte économique et social. Le dessin se dessèche, se fait plus répétitif et moins précis ; la qualité des pigments s'amoindrit. Les ateliers de Tekfur Saray et de Kutahya prendront la succession d'Iznik mais seront loin d'atteindre son niveau. Néanmoins dans les provinces ottomanes, en Syrie dès le XVIe siècle et plus tardivement en Tunisie, se développe une céramique de revêtement qui garde vivace l'influence d'Iznik.

Dans tous les domaines, l'art ottoman restera marqué par le puissant élan créateur qui a contribué à faire du XVIe siècle l'âge d'or de l'empire.

Sur cette lampe de mosquée, deux des cartouches contiennent les noms de Muhammad, d'Ali et des deux premiers califes. Sur le plat au paon de style *saz*, le décor est enrichi de turquoise, de vert tilleul et de lilas. Les hanaps (ci-dessous) servaient probablement à boire la *boza*, liqueur à base de millet.

Miné de l'intérieur par une administration sclérosée et par les mouvements d'indépendance qui secouent les provinces, soumis à de puissantes pressions externes, l'Empire ottoman lentement se lézarde et s'effondre. Les tentatives de réformes, les périodes brillantes suscitées par quelques souverains éclairés ne peuvent endiguer cette chute inexorable. Cependant la puissance de l'empire demeure telle qu'il mettra trois siècles à mourir.

## CHAPITRE VI

# DÉCLIN ET MORT D'UN EMPIRE

Pour enrayer la dégradation de l'Empire, des sultans courageux tentent de s'adapter au modèle européen en plein essor. D'autres, tel Abdul-Hamid II (ci-contre) reviennent à un autoritarisme aigu.

## Au début du XVII<sup>e</sup> siècle, l'empire semble encore tout-puissant, mais déjà apparaissent les signes de son déclin

L'armée puissante et l'administration efficace qui ont permis l'élan magnifique des Ottomans au XVIe siècle lentement se dégradent. Si Osman II (1618-1622) et Murad IV (1623-1640) se montrent résolus à maintenir l'autorité et le prestige de l'empire, les autres souverains du XVIIe siècle sont plus soucieux de leurs plaisirs que du bien de l'Etat et le pouvoir passe aux mains des sultanes-mères, les *sultane valide*. Le népotisme, la vénalité s'installent à tous les niveaux de l'administration. Les périodes de troubles, de révoltes, d'anarchie se succèdent.

Les janissaires, que ne domine plus le pouvoir, sont souvent les auteurs de ces troubles. En 1622, mécontents des tentatives de réforme d'Osman II, ils s'opposent violemment au souverain et, pour la première fois dans l'histoire ottomane, un sultan est déposé et assassiné. Les janissaires sont ainsi confortés dans leur sentiment

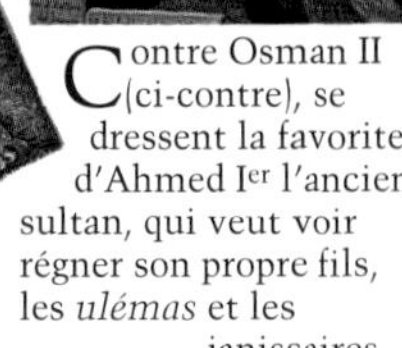

Contre Osman II (ci-contre), se dressent la favorite d'Ahmed Ier l'ancien sultan, qui veut voir régner son propre fils, les *ulémas* et les janissaires.

de puissance, mais beaucoup plus grave est l'atteinte portée à la personne quasi sacrée des sultans qui perdent leur aura de majesté intouchable, de «représentant de Dieu sur terre».

L'empire connaît des périodes de stabilité, de restauration sous le règne de Murad IV et, quelques années plus tard, sous la direction énergique des grands vizirs Koprulu : Mehmed Koprulu (1656-1661) et son fils Ahmed. Mais la fin du siècle est funeste pour les Ottomans. Craignant une invasion autrichienne de la Hongrie, le grand vizir Kara Mustapha Ahmad, successeur des Koprulu, met sur pied une puissante armée et le 14 juillet 1683, pour la seconde fois, les Ottomans assiègent Vienne. Et pour la seconde fois, vaincus, ils doivent lever le siège.

Cet échec retentissant incite Venise, l'Autriche, la Russie et la Pologne à se liguer pour chasser les Turcs hors d'Europe. A Karlowitz, en 1699, les Ottomans doivent signer le premier traité qui ne soit pas en leur faveur : l'empire est amputé d'une partie de la

Le grand vizir Kara Mustapha Ahmad (à gauche) commande en personne l'attaque de Vienne (ci-dessus). Mais devant la résistance des Viennois qui ont reçu l'aide du roi de Pologne, les Ottomans doivent renoncer. Ils abandonnent sur place une partie de leur campement. Un officier, Georg Kolschizki, se saisit de sacs de café et ouvre boutique tandis qu'un boulanger, Peter Wendler, a l'idée de fabriquer des croissants. Les deux font fortune.

Le corps de musique militaire, le *mehter*, jouait habituellement du tambour et de la trompette. Il était de toutes les parades : procession du sultan se rendant à la mosquée, départ pour une campagne militaire...

Hongrie et d'autres concessions territoriales rendent ses frontières désormais perméables. L'un des faits majeurs de ces événements est l'entrée en scène de la Russie qui se pose en défenseur des communautés grecques orthodoxes de l'Empire ottoman.

## Au cours du XVIIIe siècle, une prise de conscience de la dégradation de l'empire sera suivie de tentatives de redressement de la situation

Alors que les conflits armés avec la Russie, l'Autriche et l'Iran entraînent pour l'empire d'autres pertes territoriales, il subit en même temps une très forte pression économique. Les puissances occidentales, usant des privilèges des capitulations, s'emparent progressivement des marchés ottomans, ce qui diminue d'autant les revenus financiers de l'Etat. Le siècle débute cependant par le règne brillant d'Ahmad III (1703-1730), secondé par son grand vizir Damad Ibrahim Pacha qui s'attache à rénover l'administration sclérosée, à assainir les finances, à contrôler l'armée et la marine afin de combler le

Souverain intelligent et patient, Mahmud Ier (ci-contre) mène une politique de paix dans les provinces anatoliennes et fait appel à un Français, Bonneval Pacha, pour remettre en état l'armée.

retard accumulé par l'empire. Ces efforts seront poursuivis par Mahmud Ier (1730-1754) et Mustapha III (1757-1774), mais les souverains se heurtent aux puissants éléments conservateurs inquiets de perdre leurs privilèges et qui redoutent une évolution trop marquée par l'Occident.

De leur côté, les provinces bougent. Dans le monde arabe, réuni dans une même construction politique, se manifestent des mouvements d'autonomie. En

Selim III apprécie les idées occidentales et la culture française. Il entretient même une correspondance avec le roi Louis XVI. Les ambassadeurs français, tel le comte de Saint-Prest, ici en 1791, sont bien accueillis.

Egypte, en Syrie-Palestine, en Algérie, des potentats prennent pour un temps le pouvoir. Le gouvernement central tolère cet état de choses pourvu que soient maintenus l'ordre intérieur, la défense des frontières et que soit payé le tribut annuel.

Les provinces balkaniques, objet de convoitise des Autrichiens et des Russes, sont une mosaïque d'ethnies distinctes par leur langue, leur culture, leur histoire, leur statut politique. Certaines jouissent d'une large autonomie, d'autres sont régies suivant les règles de l'administration ottomane. Toutes payent tribut. Les conflits européens y favorisent l'émergence de nouvelles formes du pouvoir local, prélude aux mouvements nationalistes postérieurs.

“Le sultan était assis sur un divan très bas recouvert de tapis. [...] Après avoir fait semblant de lui baiser la main, nous fûmes conduits du côté du mur qui fait face à son siège, en prenant bien soin de ne jamais lui tourner le dos. Dans la salle se tenaient des officiers de haut rang, des troupes de la Garde impériale, spahis et janissaires.”

Ghislin de Busbecq

## Les débuts de la question d'Orient

A la suite de la destruction de leur flotte par les Russes, en 1770, et d'autres défaites territoriales, les Ottomans sont obligés de signer le traité de Kutchuk-Kaynardji (1774) qui accorde à la Russie le libre accès à la Méditerranée orientale à travers les Dardanelles. Ce n'est qu'à ce moment que les puissances européennes, jusqu'alors occupées par la conquête de colonies ou de marchés commerciaux en Asie et en Afrique, réagissent à l'avancée russe. Les Anglais veulent protéger la route des Indes et donc contrôler le passage de la Méditerranée à l'océan Indien. Les Français cherchent à sauvegarder leurs positions culturelles et économiques dans les régions du Moyen-Orient ; quant aux Autrichiens, ils sont directement menacés par les visées russes sur les Balkans. Du traité de Kutchuk-Kaynardji au traité de Lausanne (1923) se succèdent un certain nombre d'événements ;

Sur la rive européenne du Bosphore, s'élève le palais de Dolmabahce, un monumental édifice de marbre blanc. En 1853, le sultan Abdul-Megid en fit sa résidence et le siège du gouvernement. On est bien loin de l'art classique ottoman, une façade de 248 mètres sur le détroit, des quais de 600 mètres, un immense portail, foisonnant d'un somptueux décor sculpté, avec des réminiscences classiques et des outrances baroques.

ils ont trait essentiellement au démembrement de l'Empire ottoman et à la rivalité des puissances européennes qui veulent se partager ses dépouilles et établir leur influence au Moyen-Orient. Ils forment ce qu'on a nommé la question d'Orient.

Les dirigeants ottomans s'efforcent pourtant de promouvoir des réformes pour renforcer l'empire. Abdul Hamid Ier (1774-1789) et Selim III (1789-1807) tentent d'ouvrir le monde ottoman aux idées et aux techniques occidentales. Mais, une fois encore, en 1807, les janissaires se révoltent et déposent Selim III qui sera exécuté. Mahmud II (1808-1839) reprend en main les rênes du pouvoir. En 1826, il supprime le corps des janissaires et engage une série de réformes de caractère judiciaire, financier, administratif et militaire qui seront développées et approfondies par son successeur Abdul-Megid Ier (1839-1861). La charte d'ensemble de ces réformes constitue le *Khatt-i Cherif* – édit impérial – de Ghulkhane, en 1839.

“Devant moi le canal de la mer Noire serpentait entre des collines riantes, ainsi qu'un fleuve superbe : j'avais à droite la terre d'Asie et la ville de Scutari ; la terre d'Europe était à ma gauche ; elle formait, en se creusant, une large baie, pleine de grands navires à l'ancre, et traversée par d'innombrables petits bateaux. Cette baie, renfermée entre deux coteaux, présentait en regard et en amphithéâtre Constantinople et Galata. L'immensité de ces trois villages étagée, Galata, Constantinople et Scutari ; les cyprès, les minarets, les mâts des vaisseaux qui s'élevaient et se confondaient de toutes parts ; la verdure des arbres, les couleurs des maisons blanches et rouges ; la mer qui étendait sous ces objets sa nappe bleue, et le ciel qui déroulait au-dessus un autre champ d'azur : voilà ce que j'admirais. On n'exagère point, quand on dit que Constantinople offre le plus beau point de vue de l'univers.”

Chateaubriand, 1806

Ce rescrit sera solennellement promulgué après la mort de Mahmud II. Il stipule que «tous les sujets de l'Empire ottoman sont égaux sans distinction de religion ou de nationalité, que la loi est la même pour tous, que chacun versera directement à l'Etat des impôts en proportion de sa fortune, que le service militaire est institué et effectué par tirage au sort.» L'administration est restructurée. L'enseignement confié jusqu'alors aux *ulémas* se sécularise dans une certaine mesure par la création d'écoles supérieures destinées à la formation des fonctionnaires. Les premiers journaux en langue ottomane font leur apparition. La langue française se répand et devient la langue de l'élite. Le sultan et les notables adoptent le costume européen.

## Tandis que l'empire met en place ses réformes, les mouvements d'indépendance l'amputent de plusieurs de ses provinces

La pression russe s'accentue, alors que l'expédition de Bonaparte en Egypte (1798 1802) altère un moment les relations franco-turques. Des mouvements insurrectionnels qui ont déjà une allure de guerre d'indépendance éclatent en Syrie et au Hedjaz.

En 1821, les Grecs se soulèvent, soutenus par Nicolas Ier, ce qui entraîne l'intervention des Anglais et des Français. La flotte ottomane est anéantie à Navarin en 1827 et l'indépendance de la Grèce reconnue par le traité de Londres en 1830. L'année précédente, la Serbie avait acquis son autonomie, tandis que, prenant prétexte d'un incident diplomatique entre le dey Huseyn et le consul de France, les Français débarquent à Alger le 14 juin 1830 et étendent leur domination sur toute l'Algérie.

L'Egypte réorganisée, modernisée par son gouverneur Muhammad Ali, se soulève à son tour et

L'expédition de Bonaparte en Egypte (en haut, à gauche) oblige Selim III à lui déclarer la guerre. Mais en 1802, la paix signée, la France retrouve ses avantages commerciaux. Cependant, en Egypte, Muhammad Ali (à gauche), nommé gouverneur, obtient le retrait des Anglais, l'emporte sur les mamluks, se concilie les *ulémas* et décide de faire de l'Egypte une nation moderne. Il crée une armée «nationale», modernise l'administration, développe l'exploitation des ressources de l'Egypte.

envahit la Syrie. Les Anglais prennent le parti des Ottomans. Muhammad Ali, soutenu par les Français, abandonne finalement ses conquêtes mais, en contrepartie, il est reconnu en 1840 chef héréditaire de l'Egypte.

L'«enfer» de Sébastopol n'est pas seulement la bataille, mais aussi le scorbut, le typhus, le choléra. Les hôpitaux sont débordés, les blessés succombent par milliers. Une jeune Anglaise, Florence Nightingale (ci-contre), décide alors de partir soigner les malades.

## La guerre de Crimée est déclenchée par une futile querelle de clefs

Des différends surgissaient fréquemment entre les diverses communautés chrétiennes des lieux saints de Palestine, querelles que le gouvernement ottoman

s'efforçait tant bien que mal de calmer. La prise de position de la Russie et de la France à propos de la garde des clefs de l'église de Bethléem déclenche un conflit que les exigences russes exacerbent et qui conduit en 1853 à une déclaration de guerre turco-russe. L'Angleterre – afin de barrer la route au tsar Nicolas Ier et d'anéantir la flotte russe – et la France offrent leur aide à Abdul-Megid Ier. Le siège de Sébastopol où se trouve le grand arsenal russe est le

Détruire Sébastopol, anéantir l'arsenal russe, tel est le but des 60 000 hommes engagés dans les combats. La tour de Malakoff sera prise le 8 septembre 1855. Mais à quel prix! 10 000 soldats alliés et 13 000 Russes tués.

point culminant de cette guerre qui se conclut par le traité de Paris en 1856 et la promulgation à Istanbul d'un nouvel édit de réformes, condition de l'aide française et anglaise.

Le traité de Paris est, en apparence, favorable au sultan. En fait, les Puissances se réservent le droit d'intervenir partout où elles jugeront leur présence nécessaire.

## A la politique des *tanzimat* (réformes) succède une politique panislamique

Dans leurs essais de redressement de l'empire, les sultans tentent de copier le modèle européen et, la première année de son règne, Abdul-Hamid (1876-1908) promulgue lui aussi une constitution comparable à celle des nations occidentales et institue un parlement. Mais le traité de Berlin de 1878 provoque un revirement du sultan. Afin de contrecarrer les visées expansionnistes de la Russie et de la Serbie, les autres puissances sont intervenues et l'empire a été forcé d'accepter de nouvelles amputations territoriales. Il ne conserve plus en Europe que la Macédoine et, en Afrique, la bordure libyenne. Les musulmans des provinces balkaniques affluent vers l'Anatolie et les provinces arabes.

Abdul-Hamid met en cause la politique de réformes. Il dissout le parlement, rétablit le pouvoir absolu et axe sa nouvelle politique sur le panislamisme afin de regrouper autour de lui tous les musulmans. Les minoritaires, les Arméniens en particulier, en subissent durement les conséquences; en revanche, les provinces arabes sont privilégiées. Par ailleurs, le sultan se rapproche de l'Allemagne.

Les caricatures de l'époque indiquent que l'opinion publique ne se méprenait pas sur l'aide prodiguée à l'Empire ottoman : «La Russie défend la Turquie, mais elle l'étrangle.»

## La dépendance économique de l'empire vis-à-vis des grandes puissances s'accentue

Les finances de l'empire sont dans un état de délabrement pitoyable. Pour y remédier, l'Etat a recours à des emprunts répétés que l'Europe lui accorde, certes, mais qui accentuent sa dépendance et sa chute. Chaque emprunt n'est accordé qu'en échange de garanties, de concessions qui équivalent à de véritables conquêtes. L'Etat est obligé d'abandonner une partie de ses revenus : monopole du sel, impôt sur les alcools, dîme sur la soie... au profit d'un organisme financier que dirigent des étrangers et qui se comportera comme «un Etat dans l'Etat». Ses ressources minières et forestières, les infrastructures de transport – lignes ferrovières, installations portuaires – les banques, les secteurs financiers et commerciaux... sont gérés, exploités également par des étrangers. Seule une infime partie du revenu national parvient au coffre de l'Etat, insignifiante en regard de ses besoins. Par ailleurs, les intérêts économiques des grandes puissances mènent à des rivalités politiques et des ententes s'élaborent pour un partage, encore imprécis, de zones d'influence réservées.

En octobre 1898, Guillaume II se rend pour la seconde fois à Istanbul. Le principe de la construction, par les Allemands, du chemin de fer allant jusqu'au golfe Persique est admis. Le projet n'est pas nouveau, mais il est d'actualité : l'empire, ayant perdu ses provinces européennes, se doit de développer ses provinces asiatiques. Le problème se situe sur un plan diplomatique : en favorisant les intérêts allemands, Abdul-Hamid pense neutraliser les Anglais et les Français, mais ce faisant, il les incite au contraire à rechercher entre eux des accords pour un partage de l'empire.

L'agitation contre Abdul-Hamid ne cesse de croître en Macédoine. De jeunes officiers se mutinent et prennent le maquis. Le sultan décide d'envoyer 100 000 hommes de la troupe. Leur arrivée dans la province est l'événement décisif de la révolution, car au lieu de combattre la rébellion, ils se joignent à elle. A leur tour, d'autres villes se soulèvent ; l'armée menace de marcher sur Istanbul. Abdul-Hamid doit restaurer la constitution de 1876.

## Nouvelle tentative de redressement de l'empire avec les «Jeunes Turcs»

En 1908 éclate la révolution «Jeunes Turcs» fomentée par des intellectuels et un groupe d'officiers de Salonique. Ils cherchent à constituer dans un empire libéral l'union de tous les éléments ethniques et à soustraire l'Etat à l'emprise européenne, pour lui faire retrouver sa souveraineté et son indépendance économique. Ils exigent du sultan Abdul-Hamid le rétablissement de la constitution, ce qui leur gagne l'adhésion de l'opinion publique et

surtout des provinces arabes. Cependant les affrontements armés qui se succèdent les empêchent de se maintenir dans cette voie libérale tandis que se manifeste une nouvelle tendance, un nationalisme turc, recherche du passé et de l'identité turcs telle que l'avait exprimée le poète Mehmed Emin : «Je suis turc, grand est mon nom, grande est ma race.»

La société ottomane goûte à l'ivresse de la liberté, après l'autoritarisme hamidien, mais les événements se précipitent. En 1909, suite à une mutinerie d'officiers et aux troubles qu'elle engendre, le sultan Abdul-Hamid est déposé. En 1911, les Italiens débarquent en Tripolitaine et s'emparent du dernier territoire ottoman en Afrique. Puis, en 1914, c'est le déclenchement de la Première Guerre mondiale.

En 1915, forcés par le gouvernement d'évacuer les zones de combat proches des Russes, les Arméniens sont déportés vers des camps en Syrie. Leur déplacement s'effectue dans des conditions atroces : pillages, incendies, massacres. A la veille de la guerre, la communauté arménienne en Anatolie comptait 1500000 personnes; quelques années plus tard, on en recensait seulement 70000.

L'Etat ottoman est alors dirigé par le triumvirat Malaat, Enver Pacha et Djemal. Dans l'espoir de récupérer d'anciens territoires et par sympathie pour l'Allemagne, ils engagent l'Empire à ses côtés. Auparavant, le 28 septembre 1914, par un geste symbolique, les capitulations ont été abolies.

« La forte personnalité d'Enver Pacha [ci-dessous] dégageait un éclat rayonnant. Il y avait en lui une audace, un sens inné du geste spectaculaire qui le mettait partout en avant» (Armstrong). Admirateur de l'Allemagne, Enver rêve d'un Empire panturc.

## La fin d'un empire

Les Turcs combattent aux Dardanelles où ils arrêtent les Français et les Anglais, en Iraq où ces derniers ont pris pied et avancent patiemment, dans les provinces d'Arabie, de Syrie et de Palestine où ils doivent faire face au soulèvement des tribus arabes soutenues par les Anglais. L'année 1915 est marquée par la tragédie arménienne. La révolution russe en mars 1917 desserre quelque peu l'étau qui enferme les Turcs de toutes parts et, en 1918, ils s'emparent de Bakou. Cependant, devant la progression des Français, des Américains et des Anglais, les Turcs doivent se rendre à l'évidence : les puissances centrales sont en train de perdre la guerre. Ils font aux Britanniques des ouvertures de paix et, le 30 août 1918, est signée la convention de Moudros. Les clauses de l'armistice, particulièrement sévères pour l'empire, équivalent à une reddition sans condition et les puissances de l'Entente se réservent le droit d'occuper les positions stratégiques de leur choix. Le 13novembre, les troupes alliées débarquent à Istanbul et prennent le contrôle de la ville.

## La fin des Ottomans

Tandis qu'Arméniens et Kurdes revendiquent des territoires autonomes, que les Juifs réclament un foyer en Palestine, que les Arabes demandent la réalisation des promesses qui leur ont été faites, que les Grecs ont des visées sur la Thrace, Istanbul et l'Anatolie occidentale pour l'établissement d'une Grande Grèce, à Paris les représentants des grandes puissances découpent et redessinent la carte de l'Orient, ne laissant aux Ottomans qu'un petit Etat anatolien coincé entre l'Arménie et la Grèce.

La force vive des sultans ottomans qui firent l'empire est depuis longtemps tarie et Mehmed VI Vahideddin, plus soucieux de son trône que de l'Etat et de son peuple, s'incline. Mais la résistance se manifeste, s'organise, galvanisée par un officier de Salonique d'une volonté et d'une énergie hors du commun : Mustafa Kemal. Il regroupe autour de lui les initiatives diverses, redonne confiance à l'armée, orchestre la lutte pour l'indépendance et l'intégrité de l'Anatolie. Il incite à la révolte la nation turque tout entière, non seulement contre l'occupant mais aussi contre le gouvernement qui a entériné le

Mehmed IV Vahideddin (ci-dessous) a plus de soixante ans quand, en 1918, il accède au trône. Intelligent, bien que d'esprit tortueux, il aurait pu se faire le champion de l'indépendance turque, mais il ne pense qu'à conserver le titre dont il rêve depuis des années. Lorsque l'Assemblée nationale prononce l'abolition du sultanat, Mehmed IV réclame la protection des Anglais. Et dans l'indifférence de tous, il quitte pour toujours le sol de la Turquie. Ainsi s'éteint, avec un vieillard sénile, la prodigieuse dynastie d'Osman, de Mehmed II le Conquérant et de Soliman le Magnifique.

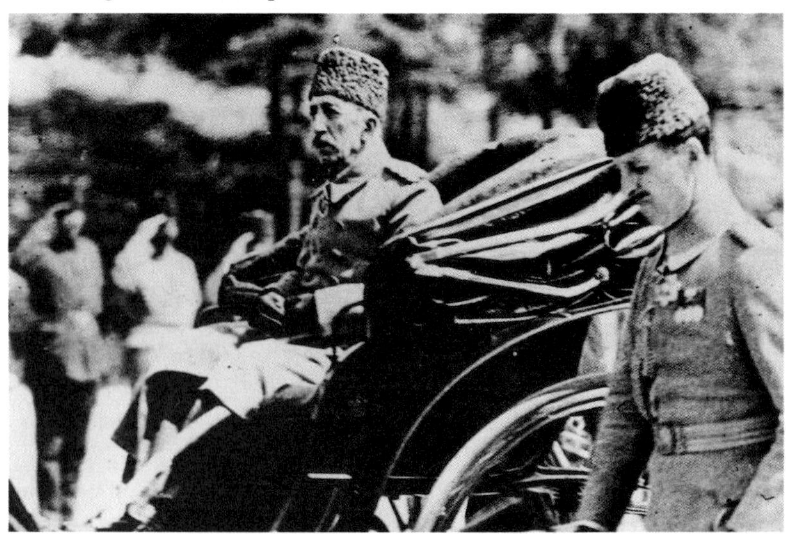

démembrement de l'Anatolie et sa sujétion complète aux Occidentaux en signant le traité de Sèvres (10 août 1920).

Mustafa Kemal libère le sol turc de toute occupation étrangère, au terme d'une guerre acharnée contre les Grecs, qu'en 1922 il rejette à la mer. Les Turcs peuvent alors redresser la tête. Le traité de Lausanne (1923) qui redonne ses frontières à l'Anatolie efface l'humiliation de celui de Sèvres. Il marque aussi la fin des Ottomans. Le sultanat est aboli et l'empire n'est plus. Mais de ses cendres un nouvel Etat surgit, libre, la Turquie. Le 29 octobre 1923, la République est proclamée.

La signature du traité de Sèvres (à gauche). Volontaire, intraitable et doué d'une intelligence aiguë, Mustafa Kemal (ci-dessous) décide, à onze ans, de devenir officier. Le destin de la Turquie est en marche.

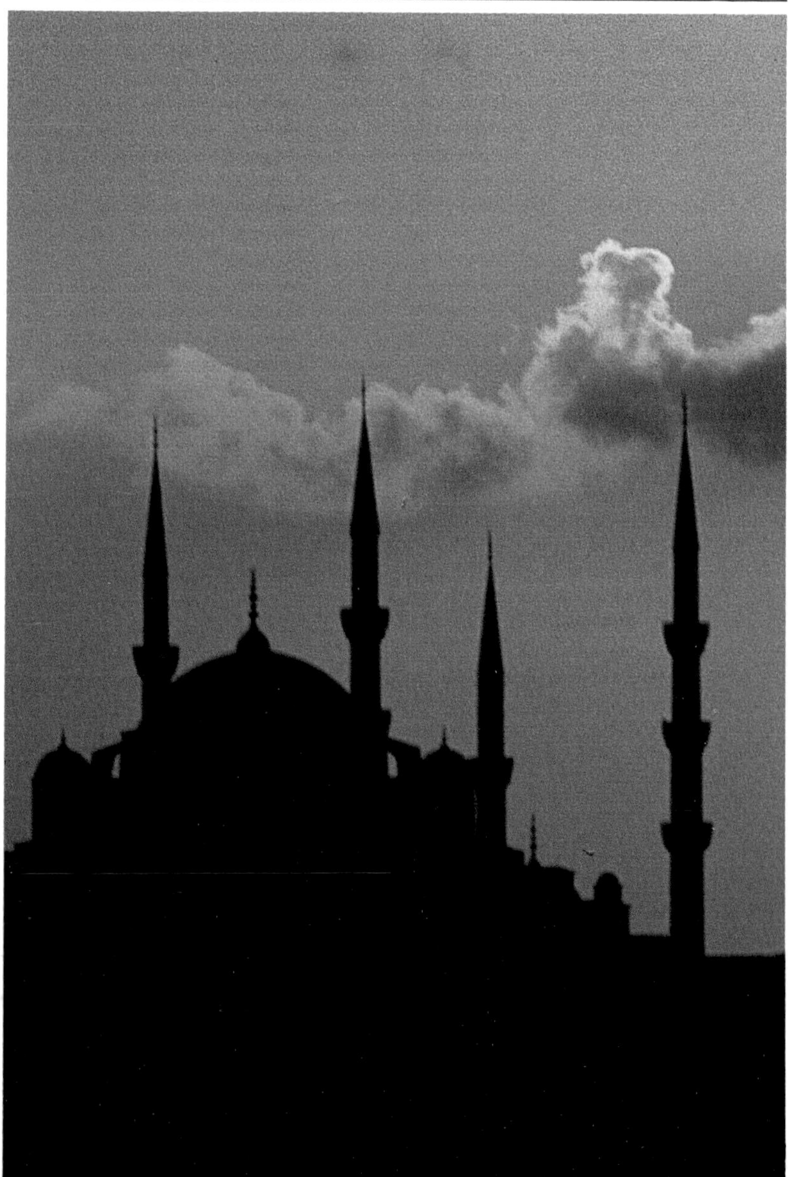

# TÉMOIGNAGES ET DOCUMENTS

«L'amusement du cœur, c'est lui qui mène à la volupté.
Ma vie, laisse-la s'épanouir, car ce bas-monde est déloyal.
C'est par le contentement que l'homme s'ouvre les portes de la plénitude.
Quitte les chagrins, mon âme, l'heure est là, de la réjouissance.»

poème anonyme
cité par Evliya Celebi,
traduction d'Annie Berthier

# Un voyageur au pays d'Orkhan

*Ibn Battuta (1304-1377) fait le récit, dans sa* Rihla, *des voyages qui, durant vingt-sept ans, le menèrent de Tanger en Chine. Il visite ainsi l'Anatolie «connue sous le nom de pays de Roum, parce qu'elle a été jadis le pays de cette nation». Se dirigeant vers Brousse, il rencontre le sultan de Birghi et Orkhan.*

## Du sultan de Birghi

Nous arrivâmes vers une heure au campement du sultan, et nous descendîmes sur les bords d'une rivière, à l'ombre des noyers. Nous trouvâmes le prince dans une grande agitation et ayant l'esprit préoccupé, à cause de la fuite de son fils cadet, Sulayman, qui s'était retiré près de son beau-père, le sultan Orkhan beg. […] Le sultan m'envoya une tente appelée, chez les Turcs, *khargah*. Elle se compose de morceaux de bois, réunis en forme de coupole, et sur lesquels on étend des pièces de feutre. […] Le jour suivant, il envoya un excellent cheval de ses écuries, et descendit avec nous dans la ville. Il nous ordonna d'entrer avec lui dans son palais. Lorsque nous fûmes arrivés dans le vestibule, nous y trouvâmes environ vingt serviteurs du sultan, tous doués d'une très belle figure et couverts de vêtements de soie. Leurs cheveux étaient divisés et pendants; leur teint était d'une blancheur éclatante et mêlé de rouge. Je dis au docteur : «Quelles sont ces belles figures ?

– Ce sont, me répondit-il, des pages grecs.»

Nous montâmes avec le sultan un grand nombre de degrés, jusqu'à ce que nous fussions arrivés dans un beau salon, au milieu duquel se trouvait un bassin plein d'eau; il y avait, en outre, à chacun des angles, une figure de lion en bronze, qui lançait de l'eau par la gueule. Des estrades, contiguës les unes aux autres et couvertes de tapis, faisaient le tour du salon; sur une de celles-ci se trouvait le coussin du sultan. Lorsque nous fûmes arrivés près de cette dernière, le souverain enleva de sa propre main le coussin, et s'assit avec nous sur les tapis. Le docteur prit place à sa droite, le *kadi*, à la suite du *fakih*, quant à moi, je venais immédiatement après le juge. Les lecteurs du Coran s'assirent en bas de l'estrade; car ils ne quittaient jamais le sultan, quelque part qu'il donne audience. On apporta des plats d'or et d'argent, remplis de sirop délayé où l'on avait exprimé du jus de citron et mis de petits biscuits, cassés en morceaux; il y avait dans ces plats des cuillers d'or et d'argent. On apporta en même temps des écuelles de porcelaine, remplies du même breuvage, et où il y avait des cuillers de bois. Les gens scrupuleux se servirent de ces écuelles de porcelaine et de ces cuillers de bois. Je pris la parole pour rendre des actions de grâce au sultan et faire l'éloge du docteur; j'y mis le plus grand soin, cela plut au sultan et le réjouit. […]

## Du sultan de Bursa

C'est Ikhtiyar eddin Orkhan beg, fils du sultan Othman tchouk (Petit Othman). En turc, *tchouk* (ou mieux *djik*), signifie *petit*. Ce sultan est le plus puissant des rois turcomans, le plus riche en trésors, en villes et en soldats. Il possède près de cent châteaux forts, dont il ne cesse presque jamais de faire le tour. Il passe plusieurs jours dans chacun d'eux, afin de les réparer et d'inspecter leur situation. On dit qu'il ne séjourna jamais un mois entier dans une ville. Il combat les infidèles et les assiège. C'est son père qui a conquis sur les Grecs la ville de Bursa, et le tombeau de celui-ci se voit dans la mosquée de cette ville, qui était auparavant une église des chrétiens. On raconte que ce prince assiégea la ville de Yeznic [Nicée] pendant environ vingt ans, et qu'il mourut avant de la prendre. Son fils, que nous venons de mentionner, en fit le siège durant douze ans, et s'en rendit maître.

Ibn Battuta,
*Voyages*

# Le grand seigneur

*La puissante personnalité de Soliman exerce toujours un étrange pouvoir de fascination. Erudit ou simple curieux, nul ne peut rester insensible à la magnificence, à la majesté de ce souverain. L'amour fidèle qu'il voua à sa belle favorite, Roxelane, le rend encore plus attachant.*

Portrait de Soliman.
A droite : son intronisation.

## Un souverain exceptionnel

Sülayman Ier – notre Soliman le Magnifique – est sans doute le souverain le plus célèbre de la dynastie ottomane, le seul à être communément inclus parmi les grandes figures de l'histoire universelle. Il y a quelque injustice à cela car plusieurs de ses prédécesseurs ne lui furent pas inférieurs et contribuèrent au moins autant que lui à édifier le fabuleux empire dont il recueillit l'héritage. Par ailleurs, à côté de nombreux individus insignifiants ou proprement déséquilibrés, ses successeurs compteront encore quelques personnalités d'envergure. Il reste que son règne, impressionnant par sa durée (1520-1566), correspond en gros à la phase la plus brillante de la longue histoire ottomane : en son temps et jusqu'à nos jours, il fut, tant pour l'Occident que pour l'Orient, le symbole d'une grandeur dont il fut le bénéficiaire autant que l'artisan.

Il faut constater cependant que la personnalité propre du «Magnifique» – ou du «Législateur» (*Kânûnî*), pour reprendre l'épithète que lui accole la tradition ottomane – ne fut pas inférieure au rôle que l'Histoire lui réservait. Long et maigre, mal proportionné, mais le front haut, le nez aquilin, les yeux noirs et grands, l'homme offrait par son apparence physique et son comportement empreint de majesté une image digne d'un monarque aussi puissant. A priori peu favorables à ce souverain infidèle dont ils avaient tout à redouter, les observateurs occidentaux étaient pourtant unanimes à reconnaître sa grandeur. Ils ne manquaient pas de rappeler certaines faiblesses et quelques crimes qui entachaient cette existence : une trop grande soumission dans sa jeunesse à son

favori, Ibrâhim Pacha, puis à la belle esclave, Roxelane, dont il fit son épouse ; le meurtre de deux de ses fils au nom d'une application impitoyable de la raison d'Etat. Mais ces aspects négatifs ne suffisaient pas à remettre en cause la haute réputation de ce souverain : celle d'un homme sage d'une exceptionnelle élévation morale, fidèle à ses engagements, vertueux dans sa vie privée, remarquablement instruit et zélé en matière de religion. Avec l'âge, piété et vertu se mueront chez lui dans l'austérité la plus rigoureuse, tandis que la fermeté du caractère confinera à une apparente indifférence à tous les aléas de la destinée.

Gilles Veinstein,
*Histoire de l'Empire ottoman*,
sous la direction de Robert Mantran,
Editions Fayard, Paris, 1990

## La clef de voûte de l'Empire

A son avènement, l'un des premiers actes du nouveau sultan est d'accorder aux janissaires le *bakhchich* ou don de joyeux avènement, reconnaissant ainsi le poids de ces derniers dans le processus de succession. A la mort de Süleymân, son successeur, et dernier héritier restant, Selîm II, tenta de se soustraire à cette obligation, mais menacé d'une révolte, il dut finalement accorder 2 000 aspres à chaque janissaire et 1 000 aspres à chaque cavalier de la Porte.

Selon la tradition islamique, la consécration solennelle du nouveau souverain est aussi marquée par la cérémonie de la *bey'a*, le serment d'allégeance des grands dignitaires de l'Etat, des principaux oulémas et des chefs de l'armée. De même, pour se montrer à la population de la capitale, dès les premiers jours de son règne, il se rend en grande pompe à la mosquée de Sainte-Sophie où il prend part à la prière du vendredi. Un autre rite, le pèlerinage au tombeau d'Eyyub, un compagnon du Prophète qui passait pour avoir été enterré aux abords de Constantinople, à l'extrémité de la Corne d'Or, sanctionne son entrée dans la lignée des souverains ottomans : le nouveau sultan s'y fait ceindre du sabre d'Osmân et visite à son retour les sépultures de ses ancêtres.

Un certain nombre d'actes officiels consacrent sa prise effective du pouvoir : il modifie ou, au contraire, reconduit le gouvernement. Un commandement aux mosquées de l'empire ordonne de prononcer son nom dans le prône du vendredi. Le changement de règne est annoncé, avec toute l'emphase requise, par des lettres aux gouverneurs et *kadis* de l'empire, qui répondent par des présents, ainsi qu'aux souverains étrangers. A ne pas réserver un accueil convenable à la nouvelle, ces derniers se rendraient coupables d'un *casus belli :* en faisant emprisonner le *tchavuch* venu lui annoncer l'intronisation de Süleymân, le roi de Hongrie donna prétexte au nouveau sultan de déclencher les campagnes de Belgrade et de Mohacs par lesquelles il vint à bout de la Hongrie.

A son avènement, le *pâdichâh*, n'étant pas lié par les actes de ses prédécesseurs, doit également les confirmer explicitement afin qu'ils conservent une valeur juridique. De même, il met en train un grand recensement des populations de l'empire, où le statut et les obligations de chaque sujet seront consignés dans des registres marqués au chiffre du souverain. Le sultan nouvellement promu devient en effet la source de toute autorité et de toute légitimité. Il incarne désormais cette souveraineté absolue – du moins en apparence – dont la conception remonte à ce faisceau de théories politiques anciennes dont les Ottomans ont hérité, et qu'expriment les titres arabe de sultan, persan de *shah* et turco-mongol de *khan*, qu'il porte simultanément. En termes anachroniques, on pourrait dire qu'il cumulait l'exécutif, le législatif et le judiciaire.

Gilles Veinstein, *op. cit.*

## Roxelane la bien-aimée

La piu bella e piu fauorita donna
del gran Turcho dita la Rossa


*«Dans la roseraie de ta beauté Muhibbi, jusqu'au matin, tel un rossignol chante tes louanges» (Soliman).*
Celle qui fut «l'épouse la plus belle et la plus aimée du Grand Turc, dite la Russe», comme le dit l'inscription, n'a pu en aucun cas être approchée par un dessinateur, et il fallait que, malgré sa réclusion, elle fût particulièrement influente pour que sa renommée excitât les imaginations européennes de son vivant même.

*Hürrem* (gaie, souriante en turc)

naquit dans les premières années du XVIe siècle, sans doute en Ruthénie (région alors polonaise), et son père aurait été un prêtre orthodoxe. Sans doute enlevée au cours d'un raid et réduite à l'esclavage, elle fut offerte à Süleyman peut-être l'année de son avènement 1520 et peut-être par Hafsa Sultan, la mère du sultan, ou par Ibrahim Pacha, son grand vizir et ami.

Pas belle mais gracieuse selon Bragadino, elle devait être en tout cas très intelligente et fine psychologue pour être parvenue (après avoir donné au sultan quatre fils et une fille) à se faire affranchir, doter et épouser par Süleyman contrairement à une tradition qui commençait à s'établir fermement. Ayant réussi à écarter sa rivale Gulbahar (qui fut envoyée à Manisa avec son fils alors nommé gouverneur), et après la mort de sa belle-mère en 1534, Hürrem Sultan devint la maîtresse sans égale du harem. On sait maintenant que ce n'est pas elle qui, profitant d'un incendie en 1541 au Vieux Palais où elle logeait, aurait réussi à faire construire le harem de Topkapi Saray. Il y avait, dans ce Nouveau Palais, déjà sous Mehmed II, un petit palais des femmes (*saray-i duhteran*) et Süleyman l'avait fortement agrandi vers 1528-29 lors de la rénovation générale du complexe. Mais les femmes n'y venaient que temporairement et c'est bien à partir de Roxelane qu'un changement s'est opéré : en emménageant, cette fois définitivement, avec sa nombreuse suite à Topkapi Saray, elle inaugurait une longue période où le harem, proche du centre du gouvernement, allait peser sur la politique ottomane. Elle-même, voulant placer un de ses fils en bonne position pour succéder au sultan, n'aurait pas été étrangère à l'assassinat d'Ibrahim Pacha en 1536, à la nomination de Rüstem au poste de grand vizir en 1544, à l'exécution de Shezade Mustafa (et du fils de ce dernier) en 1553, et à celle du grand vizir Kara Ahmed Pacha en 1554… Cette présence féminine invisible mais influente transformera, après Süleyman, le rôle des sultans faibles qui lui succéderont. C'est cela surtout qui passionnera les Occidentaux au point que le mot *saray* («palais» en persan et en turc) prendra généralement, dans les langues européennes le sens restreint de harem. Réduction révélatrice qui en dit long sur le centre d'intérêt des Européens : intrigués avant tout par cet endroit interdit, ils l'imaginaient plein de débauches alors qu'il ressemblait davantage à un monastère soumis à des règles strictes.

Il reste de Hürrem quelques lettres écrites de sa main dont certaines sont adressées au sultan parti en campagne militaire. Elles commencent toutes par des salutations protocolaires (elle frotte son front dans la poussière) et se réfèrent à la vie quotidienne : la peste à Istanbul, les bruits de victoire de Süleyman, son souci concernant la goutte dont son époux était atteint, le traitement de la bosse de leur fils Cihangir, le hammam qu'elle projetait de fonder près d'Aya Sofya, les justifications que l'on pouvait apporter à la conduite de Rüstem.

Très malade dans les dernières années de sa vie, elle revint au Vieux Palais pour y être soignée (ce vaste complexe était équipé d'un hôpital, contrairement, semble-t-il, au Nouveau Palais). Après un hiver passé à Edirne aux côtés de son époux, elle s'est éteinte à Istanbul en avril 1558 et repose à l'ombre de la mosquée Sulaymaniyye, dans le mausolée construit pour elle à côté de celui de son époux.

Annick Leclerc,
in *Catalogue de l'exposition Soliman le Magnifique*, Grand Palais, Paris, 1990

# Princes de la Renaissance

*«L'alliance scandaleuse» de Soliman et de François Ier doit être considérée en fonction du contexte politique de la Renaissance et de celui des échanges commerciaux ers le fabuleux Orient.*

François Ier, l'allié du Grand Seigneur.

## La «scandaleuse» alliance

L'alliance franco-turque, qui se développe en même temps que la dernière et la plus formidable avancée d'une puissance islamique vers le cœur de l'Europe chrétienne, peut sembler aberrante, voire scandaleuse, si l'on néglige de replacer ces menées diplomatiques dans leur contexte politique. En effet, la première moitié du XVIe siècle voit s'étendre l'ombre du croissant ottoman, tandis que prend une ampleur considérable la puissance des Habsbourg qui héritent successivement de la grande Bourgogne de Charles le Téméraire – de la Franche-Comté à la Frise –, de l'Espagne enfin unifiée, des pièces maîtresses du puzzle italien : Milan, Gênes, Naples, des territoires hongrois enfin, toutes terres qui viennent se greffer au vieux tronc du Saint Empire romain germanique et le faire reverdir. Dans cette tempête politique, quel avenir peuvent envisager la France, frustrée de ses rêves italiens et encore tout occupée à régler ses comptes avec l'Angleterre, Venise, qui, laminée par les Turcs fait bien plus figure d'institution que de véritable puissance, et les quelques condottieri italiens qui continuent, dans leur séculaire hésitation, à louvoyer entre le pape et l'empereur ? Qui, à part Soliman le Magnifique, peut entamer un bras de fer avec Charles Quint ? Le souverain ottoman a déjà donné des preuves de sa puissance : n'a-t-il pas anéanti en deux heures la noblesse hongroise à Mohacs en 1526, mis le siège devant Vienne en 1529, et envoyé ses éclaireurs jusqu'aux abords du château de Vaduz, au Liechtenstein, lors de la campagne «allemande» de 1532?

Le XVIe siècle, celui des découvertes, est aussi celui des empires et de la mondialisation des conflits. Les Turcs combattent les Espagnols et les Portugais en Europe centrale, en Méditerranée occidentale et dans l'océan Indien : la flotte ottomane, partant de Suez, prend Aden et met le siège devant Diu; Constantinople envoie des renforts au sultan d'Atcheh, à Sumatra, contre les Portugais! Lopez de Gomara, une des lectures favorites de Nicolay, ne s'y trompe pas quand il écrit : Fernando Pizarro «s'efforça de gagner le cœur de Manco Ynca, pour tirer de lui quelque grande quantité d'or pour l'empereur, qui avait dépendu beaucoup à son couronnement, et à la ville de Vienne contre le Turc, et aussi à Tunis». Cependant la Méditerranée reste encore, pour peu de temps, le centre du monde, et c'est là que va se jouer la phase décisive du conflit entre l'empire d'Occident et l'empire d'Orient.

Toutes ces circonstances donnent un autre visage à l'alliance franco-ottomane, qui perd son caractère scandaleux. Commencée après la défaite de Pavie (1525), elle ne s'éteint qu'entre la paix de Cateau-Cambrésis (1559), par laquelle Henri II renonce à ses prétentions italiennes, et l'échec du siège de Malte (1565), qui ferme aux Turcs, avant Lépante (1571), les portes de la Méditerranée occidentale. Dans le conflit terrestre, son objet se limite à l'ouverture d'un «second front» pour diviser les forces de l'adversaire. Sur mer en revanche, les Français, alliés des Turcs, se montrent beaucoup plus actifs et concentrent leurs efforts sur la Méditerranée occidentale où les deux puissances partagent des intérêts communs : les Français ont besoin des Turcs pour faire face aux flottes espagnole, génoise et napolitaine, réunies sous la bannière impériale, et rêvent de reconquérir l'Italie sur les pas des janissaires. Les Turcs, quant à eux, ont besoin de l'appui logistique des ports français pour porter la guerre aux côtes espagnoles, tout autant que d'un allié sûr qui les aidera à consolider leur position dans les territoires nord-africains.

L'histoire de cette alliance comporte deux temps forts : d'abord le siège franco-turc de Nice et l'hivernage de Barberousse à Toulon en 1543-1544; ensuite les opérations navales franco-turques en Méditerranée occidentale de 1551 à 1555. Entre-temps, une période plus creuse : en effet l'alliance perd de ses raisons d'être, quand, en 1544, François Ier et Charles Quint signent le traité à Crépy-en-Laonnois, puis quand l'empereur conclut la paix avec le sultan en 1547.

M. C. Gomez-Géraud, S. Yérasimos,
*Dans l'Empire de Soliman le Magnifique*,
Presses du CNRS

## L'allié de la France

Dans sa lettre au sultan, François Ier lui demandait d'attaquer le roi de Hongrie tandis que lui-même attaquerait Charles Quint. [...] Pour le sultan, il était d'un extrême intérêt d'avoir un puissant allié contre la Maison d'Autriche, son principal ennemi en Europe. La réponse, splendide par sa forme et d'une grande élévation de pensée, mérite d'être citée en entier :

«Lui [Dieu] est l'élevé, le riche, le généreux, le secourable.

«Moi qui suis, par la grâce de celui dont la puissance est glorifiée et dont la parole est exaltée, par les miracles sacrés de Mohammed (que sur lui soient la bénédiction de Dieu et le salut), soleil du ciel de la prophétie, étoile de la constellation de l'apostolat, chef de la troupe des prophètes, guide de la cohorte des élus, par la coopération des âmes saintes de ses quatre amis Aboubakr, Omar, Osman et Ali (que la satisfaction de Dieu soit sur eux tous), ainsi que de tous les favoris de Dieu; moi, dis-je, qui suis le sultan des sultans, le souverain des souverains, le distributeur de couronnes aux monarques de la surface du globe, l'Ombre de Dieu sur la terre, le sultan et le Padishah de la mer Blanche, de la mer Noire, de la Roumélie, de l'Anatolie, de la Caramanie, du pays de Roum, de Zulkadir, du Diarbekr, du Kurdistan, de l'Azerbeidjan, de la Perse, de Damas, d'Alep, du Caire, de La Mekke, de Médine, de Jérusalem, de toute l'Arabie, du Yémen et de plusieurs autres contrées que mes nobles aïeux et mes illustres ancêtres (que Dieu illumine leurs tombeaux) conquirent par la force de leurs armes et que mon auguste majesté a également conquise, avec mon glaive flamboyant et mon sabre victorieux, sultan Suleyman-Khan, fils de sultan Selim-Khan, fils de sultan Bâyezîd-Khan.

« Toi qui es François, Roi du pays de France, vous avez envoyé une lettre à ma Porte, asile des souverains, par votre fidèle agent Frankipan, vous lui avez lui aussi recommandé quelques communications verbales; vous avez fait savoir que l'ennemi s'est emparé de votre pays, et que vous êtes actuellement en prison et vous avez demandé ici aide et secours pour votre délivrance. Tout ce que vous avez dit ayant été exposé au pied de mon trône, refuge du monde, ma science impériale l'a embrassé en détail, et j'en ai pris une connaissance complète. «Il n'est pas étonnant que des empereurs soient défaits et deviennent prisonniers. Prenez donc courage, et ne vous laissez pas abattre. Nos glorieux ancêtres et nos illustres aïeux (que Dieu illumine leur tombeau) n'ont jamais cessé de faire la guerre pour repousser l'ennemi et conquérir des pays. Nous aussi nous avons marché sur leurs traces. Nous avons conquis en tout temps des provinces et des citadelles fortes et d'un difficile accès. Nuit et jour notre cheval est sellé et notre sabre est ceint.

«Que Dieu très-haut facilite le bien! A quelque objet que s'attache sa volonté, qu'elle soit exécutée! Du reste, en interrogeant votre susdit agent sur les affaires et les nouvelles, vous en serez informé. Sachez-le ainsi.

«Ecrit au commencement de la lune de rabi al-akhir 932 [1526] à la résidence de la capitale de l'Empire, Constantinople la bien gardée.»

André Clot,
*Soliman le Magnifique*,
Editions Fayard, Paris, 1981

*Note : Si la traduction de la première lettre de Soliman le Magnifique à François Ier s'est conservée, on avait perdu toute trace de la lettre elle-même. Mais, récemment, Annie Berthier, conservateur en chef à la division orientale du département des manuscrits à la Bibliothèque nationale de France, a retrouvé ce prestigieux document.*

## Les capitulations

Le traité conclu en octobre 1569 entre Selim II, fils et successeur de Soliman le Magnifique, et Charles IX «le plus grand et des plus grands princes chrestiens le majeur, l'Empereur de France», est d'une importance capitale pour la présence des Français au Levant. Ces premières capitulations consenties par Selim II accordent un droit de douane limité à 5 % pour les sujets du roi de France ainsi que le droit à la protection de leur ambassadeur et de leurs consuls établis dans les différentes échelles du Levant et à Alger.

Le royal et hault comandement
de lordre liberal

Le grand dieu lexalte et luy doint toute
grace et passage &c, Nous autres ordinaires
desquelz il se trouvera des Cadi Emini
[illegible] commis par leurs ministres et presidens
de lordre en alexandrie, scavoir
faisons que lhonoré et bien creé consul
Jean Benette et pierre Benette consul
des Catelans et Francois, est comparu
a nostre [illegible] et nous a [illegible] un commandement pour les Francois et catelans
ausquels aucunes conditions et pacte

Copie d'un traité de capitulation conclu entre Soliman et Jean Bénette, à Alexandrie en 1528.

Claude Du Bourg, sieur de Guérine, fut envoyé de la France à Constantinople de 1569 à 1571 : «Le Trésorier du Bourg fut envoyé à l'occasion d'une représaille qui avait été faite en Alexandrie et quoiqu'il ne vit point le grand Seigneur, il ne laissa pas d'obtenir un grand commandement de Sultan Selim qu'on appela depuis capitulation.»

L'*ahidname* accordé par le sultan à ses partenaires commerciaux est un acte émanant du seul bon vouloir du souverain, une concession dont il veut bien faire bénéficier une puissance. Les capitulations doivent être renouvelées à chaque avènement et le nouveau sultan peut alors accroître ou réduire les privilèges accordés.

Sur des bases juridiques solides, les marchands français ne tardent pas à supplanter les Vénitiens pour le commerce. En fait, avec la Pologne et Venise, la France resta longtemps seule à bénéficier de ces accords commerciaux. Cependant vers la fin du XVIe siècle, les Hollandais et l'Angleterre réussirent également à obtenir leurs propres capitulations, qui devinrent alors pour elles des concurrents sérieux.

Annie Berthier, *op. cit.*

# Sur terre et sur mer, une armée redoutée

*L'élément de choc de l'armée ottomane, les fameuses troupes de janissaires recrutés par le devchirme, était pour les Occidentaux un sujet d'épouvante, mais aussi d'étonnement admiratif.*

*Nicolas de Nicolay qui publie le récit de son voyage à Constantinople en 1576 décrit ici minutieusement les janissaires.*

## Les janissaires : troupes d'élite

Les janissaires sont pareillement au nombre de ceux qui ont été levées des mains de leurs père et mère, induits à délaisser la vraie loi et lumière de Jésus-Christ pour ensuivre l'obscure et aveuglée secte du faux prophète Mahomet. Leur ordre fut premièrement institué par Amurat, second du nom, et septième empereur des Turcs, et leur nombre depuis accru par son fils et successeur Mahomet, expugnateur de la grande cité de Constantinople et usurpateur de l'Empire oriental, de sorte qu'ils sont, pour le jourd'hui, douze mille en leur ordre, qui est le nerf principal et la plus puissante force de l'exercice du grand Turc. Car, à leur aide, Amurat et ceux qui ont tenu l'Empire après lui, ont gagné et vaincu infinies batailles, et déballé tout l'Orient, sans que jamais se soit trouvé qu'en nulle journée de bataille, iceux janissaires aient été rompus.

Les janissaires, ou la plupart d'iceux, portent tout autres armes, comme la cimeterre et un poignard avec la petite hache pendue à la ceinture, usant aussi d'arquebuses longuettes, desquelles ils s'aident assez bien. Les autres portent vouges, rancons, ou demi-piques. Et afin de se montrer et apparaître plus cruels et furieux en l'aspect de leur face, ne nourrissent leurs barbes, sinon au-dessus des lèvres, et laissent croître leurs moustaches fort longues, grosses et hérissées. Font raser tout le reste du poil de leurs barbes, comme aussi celui de la tête, excepté un touffet de cheveux, au-dessus du sommet, pour laisser prise à élever leur tête tranchée par l'ennemi, s'il advenait qu'ils fussent vaincus. De manière que par telle défiguration se rendent horriblement hideux et épouvantables et non moins rébarbatifs que jadis le cruel Caligula, comme de lui témoignent les histoires. Ils sont habillés deux fois l'an de gros drap bleu, comme les azamoglans. Et, en tête, de péculière prérogative, au lieu de la salade ou du morion, portent un chaperon de feutre blanc, qu'ils appellent zarcola, orné sur le front d'une frise, ou guirlande de fin or trait, avec une gaine d'argent doré montant tout droit sur le devant du front, enrichi de rubis balais, turquoises et autres pierreries fines de petit prix, pour au sommet d'icelle recevoir les panaches qu'ils y veulent imposer, combien que cela n'est permis à chacun d'eux, ainsi seulement à ceux qui à la guerre ont fait plus grande épreuve de leur personne.

Leur ordre universel est distribué en dizaines, centaines et milliers. Chacune dizaine de janissaires allant à la guerre a un pavillon et un chef de chambre qui entre eux distribue et répartit les offices de la chambre : à l'un de couper du bois, à l'autre de dresser le pavillon, à l'autre faire la cuisine, et à un autre faire la garde, et ainsi conséquemment des autres. Et par cette bonne économie, vivent ensemble comme en fraternité, quiétude et concorde incroyable. Puis il sont les bolucs bassis, chefs des centianes, et le chechaya, ou protogero, qui est chef de mille, ou lieutenant général d'iceux. Et par-dessus tous ceux-ci, est le souverain capitaine, appelé aga, personnage de fort grande autorité et représentation. Tous ces capitaines et chefs vont à cheval. Et sont en habits et parade différents aux janissaires, comme se verra en leurs lieux. Les gages des

janissaires ne sont tous égaux. Car les uns ont plus, les autres moins, tellement que du moins au plus, ils ont de quatre à huit aspres par jour, selon la valeur de la personne. Où ne faut penser que la faveur ou recommandation leur serve de beaucoup, pour les avancer à plus haut degré. Car à un chacun d'eux sont augmentés les gages, selon le mérite de leur vertu militaire, parce que celui qui en guerre entreprend ou met en exécution quelque acte de vaillante prouesse, en pleine vue d'un chacun, attend sa bonne ou sa mauvaise fortune. Au reste, depuis que ces janissaires ont commencé à connaître leur compagnie si grande en nombre, force et autorité, ils ont usurpé et maintenu tel audacieux avantage qu'aussitôt que leur empereur est mort, incontinent leur sont baillés en proie et pillage tous les deniers, robes, marchandises et biens meubles de tous les Juifs et Chrétiens qui pour les commerces et trafics de marchandise maritime et terrestre habitent et conversent à Constantinople, Péra (ou Galata), Andrinople, Salonique et Bursie, et autres lieux de la domination du grand Turc. Car autrement, étant appelés à prêter le serment au nouvel empereur succédant, jamais ne lui jureraient fidélité que premier ne leur eût octroyé et pardonné ce pillage et butin sur les Juifs et Chrétiens, en forme de don et d'étrenne de bienvenue. Coutume certes très barbare, cruelle et plus que tyrannique, laquelle, à bien considérer et ratiociner du passé le présent et l'avenir, est le vrai présage exemplaire de la prochaine ruine de ce grand Empire oriental, qui, par les mêmes forces dont il est soutenu sera quelque jour mis au bas.

Nicolas de Nicolay,
*op. cit.*

La défaite de Lépante en octobre 1571, où Don juan d'Autriche mit en déroute les navires ottomans.

## La flotte de Barberousse

L'armée du sultan se double d'une flotte. En 1573, deux ans après la défaite de Lépante, le baile vénitien Garzoni pouvait encore écrire que «l'une et l'autre étaient terribles».

Au cours des XV^e^ et XVI^e^ siècles, l'expansion de l'empire en mer Noire, en Méditerranée jusqu'aux côtes de l'Afrique du Nord, en mer Rouge, la lutte contre les Vénitiens, les Génois, les Espagnols, les Portugais, les pirates de toutes espèces, la protection du commerce et des liaisons entre les parties du territoire ottoman, tous ces objectifs ont contraint les sultans à s'adapter à un

type de guerre étranger à leurs traditions et à adopter les techniques navales de leurs adversaires. Ils y sont brillamment parvenus dans la mesure où, durant le règne de Süleymân et jusqu'en 1571, la suprématie navale en Méditerranée appartient aux Turcs. Deux circonstances ont largement contribué à ce résultat : la réunion sur le territoire de l'empire, dans une abondance qui fait l'envieuse admiration des Occidentaux, de toutes les matières premières nécessaires à la construction d'une puissante flotte; d'autre part, un habile appel à l'expérience irremplaçable de la mer et aux forces de corsaires islamisés : le plus fameux fut Barberousse dont Süleymân fit son grand-amiral, mais on peut également citer les noms de Turgut Re'is (le Dragut des Français), Kïlïtch' Ali Pacha, Ulutch Hasan Pacha.

La flotte ottomane rassemble principalement des galères. Le modèle courant, actionné par cent cinquante rameurs, embarque, outre le commandement, quelques artilleurs et quelques dizaines d'hommes de troupe. La chiourme est composée de prisonniers de guerre, mais surtout de condamnés pénaux, coupables de délits fort variés, et de *re'âyâ* levés dans les provinces au titre de la contribution de guerre des populations civiles (*'avâriz*). Dans les grandes expéditions, cette flotte déploie de cent à cent cinquante unités construites dans les arsenaux de Gallipoli et de Galata, le second acquérant la primauté à l'époque de Süleymân. Placé sous l'autorité du kapudan pacha, il comprend cent vingt-trois docks en 1557, chacun pouvant contenir deux galères en construction ou en réparation. D'autres arsenaux plus modestes, à Sinope, à Izmir, ou établis temporairement à proximité des matériaux de construction, fonctionnaient en cas de besoin. La main-d'œuvre était fournie par des *'adjemi oghlan*, des *yaya* et des *müsellem*, mais on embauchait également, de manière provisoire, des artisans spécialisés : charpentiers, calfats, scieurs, forgerons, etc.

Pourtant, la faiblesse principale de cette flotte tenait à l'absence de troupes navales spécialisées : mis à part les *'azab* qui, semble-t-il, servaient surtout d'hommes d'équipage, des unités terrestres, les janissaires et, en nombre plus grand, les *sipâhi* de l'armée timariale étaient occasionnellement engagées dans des aventures maritimes étrangères à leur expérience et leur mode de vie.

Gilles Veinstein,
in *Histoire de l'Empire ottoman*,
*op. cit.*

# Istanbul, la ville aux cent coupoles

*Métropole cosmopolite, centre du monde ottoman, Istanbul attire et fascine les Européens. Nicolas de Nicolay, membre de l'ambassade française en 1551, lady Mary Montagu, épouse d'un ambassadeur anglais en poste à Istanbul en 1717, et Lamartine, en 1838, nous donnent leur propre vision de la capitale et des mœurs de ses habitants.*

Fontaine publique de Ahmed III. A droite, vue d'Istanbul : la mosquée édifiée par Sinan, la Sulaymaniyye.

## Topkapi : le palais du grand Turc

A l'autre angle de la cité que les Grecs appellent Saint-Dimitri, les anciens le promontoire Chrisocéras, qui regarde à l'orient, au droit de l'embouchure du port est le sarail, où habite ordinairement le grand seigneur turc, quand il est en Constantinople. Et est icelui sarail clos de fortes et hautes murailles d'environ deux milles de circuit. Au milieu, sur une colline, se voit un beau et délectable jardin, lequel, commençant sur le milieu du mont, va en descendant vers la mer. Là sont plusieurs maisonnettes et habitations, avec un porche soutenu par colonnes à la mode d'un cloître de moines, à l'entour duquel se trouvent environ deux cents chambres, et tout au bout, le seigneur habite la plupart de l'été, pour être le

lieu fort élevé, frais et abondant en bonnes eaux. Anciennement, ces habitations étaient des dépendances de Sainte-Sophie, mais Bajazet II les en fit diviser, et sur le milieu fit édifier un corps d'hôtel, dans lequel, aux chambres les plus basses, pour éviter le vent de bise (des Grecs appelé borée et aparctie, comme venant de la partie d'*arctos*, qui en grec est autant qu'ourse, qui, par le Bosphore thracien vient de la mer Majeure), il habitait tout le long de l'hiver. Un peu plus bas, y avait une autre petite habitation, toute faite de verre clair, joint et lié avec verges de fin étain, en forme de coupole ronde ou hémisphère. Et par-dessus, avec admirable artifice, passait une belle et claire fontaine, laquelle doucement découlant en bas par la coupole, se répandait par le jardin. Et en ce lieu, Bajazet s'allait souvent rafraîchir en été, et y passer son sommeil au doux murmurement des eaux. Mais à présent, étant la plupart en ruine, l'eau a pris son cours en autres endroits. En cet enclos est encore le sarail de la sultane, femme du grand Turc, accompagné de bains très magnifiques. Puis, celui des jeunes enfants qui, comme pages, toutefois

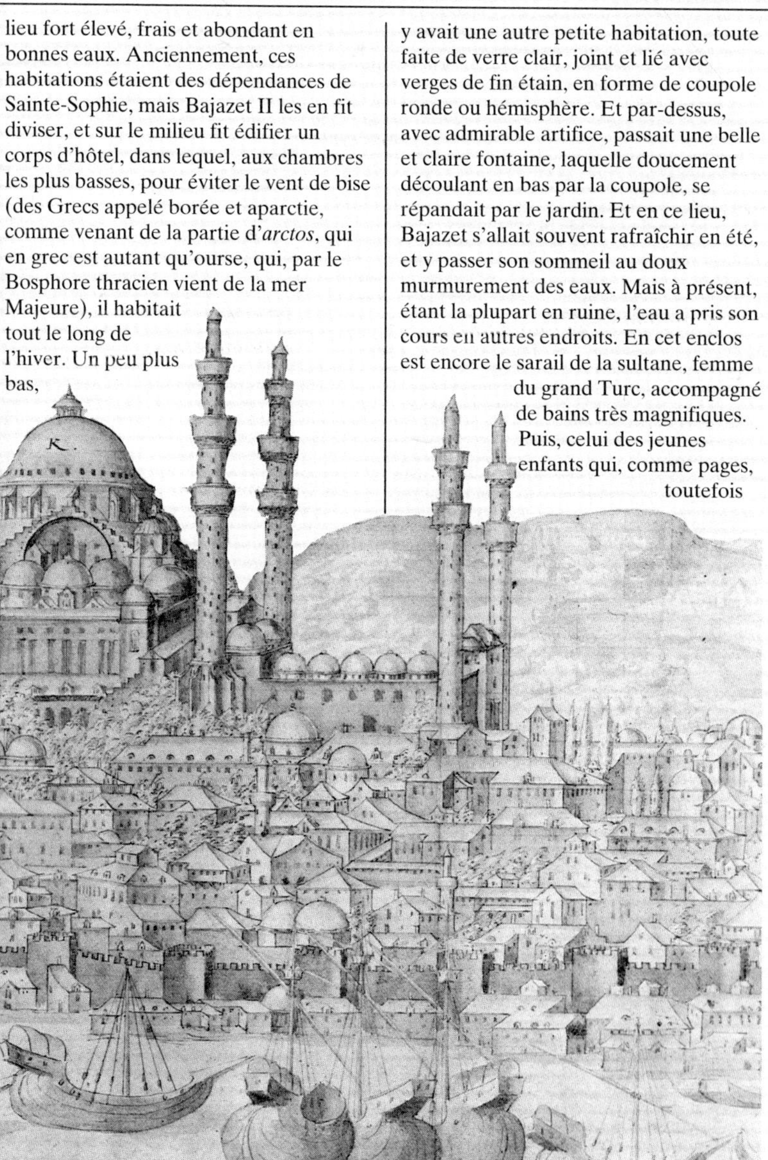

esclaves, sont là nourris, instruits, et exercités tant à leur religion, qu'à piquer chevaux, tirer de l'arc, et faire tous autres exercices militaires depuis l'âge de huit, neuf, dix, jusqu'à vingt ans, étant le nombre ordinaire de ces enfants pour le moins de cinq à six cents. Il y a davantage une grande écurie, dans laquelle le grand seigneur tient ordinairement de quarante à cinquante de ses plus beaux chevaux. La première et plus grande porte par où l'on entre dans ce sarail du côté de Sainte-Sophie est fort grande et bien élaborée de lettres d'or et feuillages à la jamesque, de diverses couleurs, et d'icelle, l'on entre dans une spacieuse place non pavée, au chef de laquelle, entre deux grosses tours, il y a une autre porte gardée par un nombre de capigis et janissaires, qui là ont leurs armes pendues et affichées. Car là, tous ceux qui vont faire la cour au sarail, sont coutumiers de descendre de cheval. Et de là, vont à pied dans une autre cour assez grande, où les baschas, trois fois la semaine, donnent audience publique à tous venants, de quelque nation ou religion qu'ils soient, tant sur les choses politiques que sur les procès et autres différends. Et combien que le nombre du peuple qui y vient de toutes parts soit grand, si y a-t-il grand silence, que vous diriez qu'à peine les assistants osent cracher ou

Vue d'Istanbul : la mosquée du sultan Mehmed II.

tousser. Cette cour a une belle fontaine au milieu, environnée de plusieurs beaux arbres de cyprès. Au bas du jardin, vers la pointe du sarail qui est battue de la mer, il y a une autre porte, joignant laquelle il y a un petit pavillon, par où le seigneur se va embarquer, quand il se veut aller ébattre au jardin qu'il a fait faire en la Naotlie, au lieu appelé par les Turcs, Scutary, des anciens Calcédon. Et, pour cet effet, sont ordonnés deux brigantins, sur l'un desquels il est embarqué par le bostangi bassi, qui est le capitaine des jardins et des jardiniers. Et l'autre brigantin suit après en réserve, pour secourir en un moment aux affaires qui pourraient survenir.

Nicolas de Nicolay,
*op. cit.*

## Les richesses du grand Bazaar

Du lieu appelé Bezestan.

Le bezestan est une maison grande, et carrée, et haute, faite en mode d'une halle couverte ayant quatre portes, et autant de rues dedans, tout à l'entour garnies de boutiques bien fournies de toutes marchandises rares et de grand prix, comme joyaux, pierres précieuses, fourrures de martres zibelines, sables, loups-cerviers, renards, et autres fines pelleteries à bon prix, au regard de ce pays (car souvent adviendra que vous y aurez l'entière fourrure d'une longue robe toute de fine martre zibeline pour quatre-vingts ou cent ducats, que vous n'auriez par-deçà, pour trois ou quatre fois autant), toutes sortes de draps d'or, d'argent et de soie, camelots et fins moccaiars arcs turquois, rondelles et cimeterres et autres marchandises très riches et exquises. Et là se vendent pareillement au plus offrant et dernier enchérisseur, infinis pauvres esclaves chrétiens de tous âges et de tous sexes, en la propre manière qu'on y vend les chevaux. Car ceux qui marchandent et qui désirent en acheter quelqu'un, les regardent aux yeux et aux dents, et par toutes les parties du corps; voire, les font dépouiller tout nus, et les voient cheminer, afin de pouvoir mieux connaître les défauts qu'ils pourraient avoir de nature, ou imperfection de leur personne, qui est chose très pitoyable à voir et lamentable. J'y ai vu dépouiller et visiter trois fois en moins d'une heure, à l'un des coins du bezestan, une fille de Hongrie, âgée de treize à quatorze ans, médiocrement belle, laquelle enfin fut vendue et délivrée à un vieux Turc marchand, pour le prix de trente-quatre ducats. J'espère, Dieu aidant, plus particulièrement traiter en mon second tome de la peine, calamité et misérable

tome de la peine, calamité et misérable servitude en laquelle sont les pauvres esclaves chrétiens, entre les mains de ces cruels barbares. Le bezestan est tous les jours ouvert jusqu'après le midi, excepté le vendredi qui est jour de repos des Turcs, comme à nous le dimanche, ou aux Juifs le samedi. Il y a plusieurs autres places publiques pour vendre les jours de marché, à l'une des vieux habits et autres hardes, commc une friperie de Paris, à l'autre, de toutes sortes d'ouvrages d'or et de soie faits à l'aiguille. Et en la halle des selliers, se vendent les plus beaux fourniments de chevaux, vaisselle de cuir et autres choses gentilles, et bien peintes à ouvrage damasquiné, ou à la jamesque, qu'en tous autres lieux de la Turquie. Mais le susdit bezestan est le lieu où se vendent les choses les plus précieuses.

Nicolas de Nicolay, *op. cit.*

## Le plaisir du hammam

*Un voyageur aux bains en 1576.*

Des bains et manières de laver des turcs

En Constantinople, comme pareillement en toutes les autres cités mahométisées en la Grèce, Asie et Afrique, se trouve grand nombre de très beaux bains, tant publics que privés, lesquels, à l'imitation des anciens Grecs et Romains sont construits et édifiés avec industrie, somptuosité et dépense presque admirable, et surtout ceux des sarails du grand Turc, de ses femmes, et de ses baschas, voir la plupart des bains publics, qui sont embellis et ornés de colonnes, encroûtures, tables et pavements de divers marbres rares en couleur et beauté. Mais sont ces bains fabriqués en telle façon qu'il y a deux

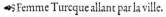

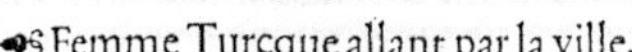

Femme Turcque allant par la ville.

Turcque allant au Baing.

principaux grands corps d'édifices ronds, fort élevés en voûte de cube ronde ou forme hémisphérique par le haut. Et le premier dans lequel on rentre, qui, des anciens a été appelé apodytaire, a en l'un de ses angles un fourneau, comme les poêles d'Allemagne, qui sert pour sécher les chemises et autres linges de ceux qui viennent se baigner, et, au milieu, une belle fontaine de marbre d'eau vive ou artificielle, et, tout autour des murailles, plusieurs sièges séparés par petit intervalle et couverts d'étoffes ou tapis turquois, sur lesquels se dépouillent, et laissent sûrement leurs habits en la garde du capsaire ceux qui se veulent aller baigner. Puis avoir couvert leurs parties honteuses d'un grand linge bleu bigarré qui leur est baillé, vont premièrement au tépidaire pour se faire suer. De là, ils entrent dedans l'autre grand corps du bain, qui est le plus haut élevé, ayant sa voûte hémisphérique percée et garnie de verre clair en divers lieux, afin de rendre le bain plus clair. Au milieu duquel y a semblablement une fontaine de marbre très magnifique, qui jette eau très abondamment, et, tout joignant, une grande table de fin marbre assise sur quatre boules rondes, sur laquelle, après qu'on a bien sué et que l'on s'est baigné dans une grande cuve aussi de marbre ou porphyre étant là auprès, les serviteurs qui y sont en grand nombre vous invitent à vous coucher et étendre à plat sur le ventre, et, a donc, l'un de ces gros valets, après vous avoir bien tiré et remué les bras, c'en devant, c'en derrière, jusqu'à faire craquer les os, et bien frotté les muscles, vous monte sur le dos, et, se soutenant des mains sur vos épaules, va glissant avec les deux pieds joints, tout le long de vos reins, comme s'il les voulait briser. Puis, derechef, il vous fait renverser sur les reins, en vous remuant et tirant les membres comme dessus, sans toutefois vous faire aucun mal. Ainsi au contraire, cela vous adoucit tellement les nerfs et agilite si bien les membres qu'on en est beaucoup plus allègre et plus dispos. Etant ainsi accoutré, vous entrez en une petite chambrette tempérament chaude, où, derechef, monsieur le gros valet vous revient empoigner. Et après qu'il vous a bien savonné et frotté tout le corps et les membres avec une bourse d'étamine ou camelot qu'il tient en mode d'un gant à la main, au lieu de l'étrille dont usaient les Romains, il vous lave avec la belle eau claire qui sort de deux conduits ou fontaines, l'une chaude et l'autre froide qui vient tomber dedans un bassin de marbre, dans lequel il la tempère, et la prend pour la verser avec un beau bassin d'airain bien damasquiné; et davantage, avec la pierre ponce, ils vous frottent et

Femme Turcque menant ſes enfans.
A.V.

nettoient les plantes des pieds; et vous rasent la barbe et les cheveux, et le dessous des aisselles. Mais pour les parties secrètes, ils vous baillent un rasoir, ou bien du psilothre, qu'ils appellent rusma, qui est une pâte, laquelle étant appliquée sur les parties velues, en un instant fait tomber tout le poil. Et de telle pâte usent souvent les Turcs et les Turques, parce qu'ils ont horreur de porter poil en tels endroits. Après avoir ainsi sué, et avoir été foulé, manié, frotté, étrillé, lavé, vous vous en retournez où sont vos habits, pour vous sécher et revêtir. Puis avoir donné quelques aspres pour le vin des valets, et deux ou trois au capsaire qui se sied à l'entrée de la porte pour recevoir argent de ceux qui se viennent baigner, vous vous en allez où bon vous semble.

Nicolas de Nicolay, *op. cit.*

Le marché aux esclaves d'Istanbul était célèbre dans toute la Méditerranée.

*Une jeune Anglaise se rend aux bains*

Je fus au bain vers dix heures du matin. Il était déjà plein de femmes. C'est une construction, en forme de dôme, sans ouvertures sauf dans le toit, ce qui suffit à donner de la lumière. Il y a cinq de ces dômes côte à côte; le premier, plus petit que les autres, ne sert que d'antichambre, où la gardienne se tient à l'entrée. Les dames de qualité donnent généralement à cette femme la valeur d'une couronne ou de dix shillings, et je n'oubliai pas ce cérémonial. La pièce suivante est très vaste, pavée de marbre, et tout autour s'élevaient deux sofas de marbre superposés. Il y avait dans cette pièce quatre fontaines d'eau froide, qui s'écoulaient d'abord dans des bassins de marbre puis sur le sol, dans de petites rigoles faites à cette intention qui conduisaient le courant dans la pièce suivante, un peu plus petite, avec les mêmes sofas de marbre, mais si chauffée par les vapeurs sulfureuses qui s'échappaient des bains contigus qu'il était impossible d'y tenir habillée. Les deux autres dômes correspondaient aux bains chauds. Dans l'un d'eux, il y avait des jets d'eau froide qui s'y écoulaient pour le ramener au degré de chaleur souhaité par les baigneuses.

Les premiers sofas étaient couverts de coussins et de riches tapis sur lesquels étaient assises les dames, et sur les deuxièmes, derrière elles, se tenaient leurs esclaves, mais sans aucune distinction de rang dans leurs atours, car toutes étaient dans l'état de nature, c'est-à-dire en bon anglais complètement nues, sans cacher aucun de leurs charmes ou de leurs défauts; pourtant, il n'y avait pas le moindre sourire licencieux ou le moindre geste impudique entre elles. […] Les unes conversant, d'autres à leur

ouvrage, d'autres buvant du café ou des sorbets, et beaucoup étendues nonchalamment sur des coussins, pendant que leurs esclaves (en général, de jolies filles de dix-sept ou dix-huit ans) étaient occupées à natter leur chevelure de plusieurs jolies manières. En bref, c'est le café des femmes, où on raconte toutes les nouvelles de la ville, où on invente les scandales, etc. Elles prennent généralement ce divertissement une fois par semaine; elles y passent au moins quatre ou cinq heures, sans prendre froid lorsqu'elles passent immédiatement du bain chaud dans la pièce froide, ce qui m'a beaucoup surprise.

Lady Mary Montagu,
*L'Islam au péril des femmes,*
*Une Anglaise en Turquie au XVIII*[e] *siècle*,
Traduction d'Anne-Marie Moulin
et de Pierre Chuvin,
Editions Maspero, Paris, 1981

## Le défilé des corporations

Je suis allée hier avec l'ambassadrice de France pour voir le Grand Seigneur se rendant à la mosquée. Il était précédé d'une nombreuse escorte de janissaires avec de grandes plumes blanches sur la tête, de spahis et de *bostandjis*; ce sont la garde à pied, la garde à cheval et les jardiniers royaux, habillés dans de belles couleurs vives qui, de loin, les font ressembler à un parterre de tulipes; après eux venait l'aga des janissaires dans une robe de velours pourpre doublée de tissu d'argent; son cheval était conduit par deux esclaves aux riches habits; à son côté, le Kuzlir Aga (Votre Seigneurie sait que c'est le gardien principal du Sérail des dames), en drap jaune foncé (qui faisait ressortir son visage noir) doublé de zibeline; et à la fin venait Son Altesse en personne, avec une robe verte, doublée avec la fourrure

estime à mille livres, montée sur un beau cheval avec un harnachement orné de pierres précieuses; six chevaux richement harnachés étaient menés en main après elle, et deux des principaux courtisans portaient, l'un sa cafetière en or, l'autre sa cafetière en argent, au bout d'un bâton. Un autre portait sur sa tête un tabouret d'argent pour qu'elle puisse s'asseoir. Il serait ennuyeux de décrire à Votre Seigneurie la variété des habits et les turbans (qui indiquent les distinctions de rang); ils sont tous d'une éclatante somptuosité; on compte quelques milliers d'hommes, à tel point qu'on ne peut guère voir plus beau défilé.

En ce moment, le Grand Seigneur est décidé à conduire son armée en personne; chaque corps de métier, à cette occasion, doit lui faire un présent selon ses capacités. J'ai fait l'effort de me lever à six heures du matin pour voir cette cérémonie, qui pourtant n'a pas commencé avant huit heures. Le Grand Seigneur était à la fenêtre du Sérail pour voir la procession, qui a traversé toutes les rues principales. Elle était précédée d'un *efendi* monté sur un chameau richement harnaché ; il lisait à voix haute un Coran entouré d'un chœur d'enfants , qui en chantaient des versets. Suivait un bel homme portant des rameaux verts, qui représentait un laboureur en train de semer ; après lui, plusieurs moissonneurs avec des guirlandes d'épis de blé, faisant le geste de moissonner ; puis, sur un petit char tiré par des bœufs, il y avait un moulin à vent avec des enfants en train de moudre ; il était suivi d'un autre char tiré par des buffles, avec un four et deux enfants, dont l'un pétrissait le pain et l'autre le tirait du four. Ces garçons lançaient à droite et à gauche des petits gâteaux à la foule ; derrière eux venait toute la corporation des boulangers, à pied, deux par deux dans leurs plus beaux habits, portant sur la tête gâteaux, pains, pâtisseries et pâtés de toutes sortes ; puis deux bouffons de carnaval, la figure et les vêtements enfarinés, amusaient la foule avec leurs mimiques grotesques ; ensuite défilaient dans le même style tous les corps de métiers de l'empire, les plus nobles, bijoutiers, merciers, etc., sur de belles montures, et plusieurs des cortèges étaient somptueux ; les fourreurs donnaient l'un des plus beaux spectacles : un très grand char garni de peaux d'hermines, de renards, etc., si bien empaillés que les animaux paraissaient vivants. Suivaient un orchestre et des danseurs. Je pense qu'il y avait au total au moins vingt mille hommes, tous prêts à suivre Son Altesse si Elle leur en donnait l'ordre.

Les volontaires, venus solliciter l'honneur de mourir à Son service, fermaient la marche. Cette partie du spectacle me parut si barbare que je me détournai de la fenêtre dès que je la vis. Tous étaient nus jusqu'à la taille, les bras percés de flèches qu'ils avaient laissées enfoncées dans leur chair ; d'autres se les étaient plantées dans la tête, et le sang leur coulait sur le visage ; il y en avait qui se lacéraient les bras avec des couteaux tranchants, faisant rejaillir le sang sur leurs voisins ; et on considère ce geste comme une preuve de leur désir de gloire.

Lady Mary Montagu,
*op. cit.*

## Lamartine ébloui par les mosquées

Vue de la Corne d'or.

En sortant de Sainte-Sophie nous allâmes visiter les sept mosquées principales de Constantinople; elles sont moins vastes, mais infiniment plus belles. On sent que le mahométisme avait son art à lui, son art tout fait, et conforme à la lumineuse simplicité de son idée, quand il éleva ces temples simples, réguliers, splendides, sans ombres pour ses mystères, sans autels pour ses victimes. Ces mosquées se ressemblent toutes, à la grandeur et à la couleur près; elles sont précédées de grandes cours entourées de cloîtres, où sont les écoles et les logements des imans. Des arbres superbes ombragent ces cours, et de nombreuses fontaines y répandent le bruit et la voluptueuse fraîcheur de leurs eaux. Des minarets d'un travail admirable s'élèvent, comme quatre bornes aériennes, aux quatre coins de la mosquée; ils s'élancent au-dessus de leurs dômes; de petites galeries circulaires, avec un parapet de pierre sculptée à jour comme de la dentelle, environnent à diverses hauteurs le fût léger du minaret : là se place, aux différentes heures du jour, le muezzin qui crie l'heure, et appelle la ville à la pensée constante du mahométan, la pensée de Dieu. Un portique à jour sur les jardins et les cours, et élevé de quelques marches, conduit à la porte du temple. Le temple est un parvis carré ou rond, surmonté d'une coupole par d'élégants piliers ou de belles colonnes cannelées. Une chaire est adossée à un des piliers. La frise est formée par des versets du Coran, écrits en caractères ornés sur le mur. Les murs sont peints en arabesques. Des fils de fer traversent la mosquée d'un pilier à l'autre et portent une multitude de lampes, des œufs d'autruche suspendus, des bouquets d'épis ou de fleurs. Des nattes de jonc et de riches tapis couvrent les dalles du parvis. L'effet est simple et grandiose. Ce n'est point un temple où habite un Dieu; c'est une maison de prière et de contemplation où les hommes se rassemblent pour adorer le Dieu unique et universel. Ce qu'on appelle culte n'existe pas dans la religion. Mahomet a prêché à des peuplades barbares chez qui les cultes cachaient le Dieu. Les rites sont simples : une fête annuelle, des ablutions et la prière aux cinq divisions du Jour, voilà tout. Point de dogmes, que la croyance en un Dieu créateur et rémunérateur; les images supprimées, de peur qu'elles ne tentent la faible imagination humaine, et ne convertissent le souvenir en coupable adoration. Point de prêtres, ou du moins tout fidèle pouvant faire les fonctions de prêtre. Le corps sacerdotal ne s'est formé que plus tard, et par corruption. Toutes les fois que je suis entré dans les mosquées, ce jour-là ou d'autres jours, j'y ai trouvé un petit nombre de Turcs accroupis ou couchés sur les tapis, et priant avec tous les signes extérieurs de la ferveur et de la complète absorption d'esprit.

Lamartine,
*Voyage en Orient*, 1835.

## Le raffinement des femmes

Le premier élément de mon costume est une paire de pantalons très bouffants, qui tombent jusqu'aux talons et cachent les jambes avec plus de pudeur que vos jupes. Ils sont en damas couleur de rose, broché avec des fleurs d'argent; mes chaussures de chevreau blanc sont brodées d'or. Là-dessus retombe ma chemise de belle soie blanche bordée de broderie. Cette chemise a de larges manches qui descendent au coude, elle est fermée au col par un bouton de diamant. Mais on distingue très bien au travers la couleur et la forme des seins. L'antheri est une veste serrée à la taille, en damas blanc et or, avec de très longues manches pendant par derrière avec de longues franges d'or, avec des boutons en diamants ou en perles. Mon caftan, de même étoffe que mes pantalons, est une robe faite exactement à ma taille qui descend à la cheville, avec de très longues manches ajustées. A la taille, une ceinture d'une largeur d'environ quatre pouces : celles qui en ont les moyens la recouvrent de diamants ou de pierres précieuses; celles qui ne peuvent soutenir cette dépense la choisissent en satin exquisement brodé, mais elle doit tout de même se fermer par-devant avec une agrafe en diamants. La kurdi est une robe vague qu'elles enlèvent ou mettent selon le temps, en riche brocart (la mienne est vert et or), doublée d'hermine ou de zibeline, avec des manches très courtes. La coiffure se compose d'un bonnet appelé talpok, qui est en hiver en beau velours brodé, de perles ou de diamants et en été de tissu d'argent, léger et brillant. Il se fixe sur un côté de la tête, un peu incliné, avec un gland d'or à l'extrémité, et il est retenu par un diadème de diamants (j'en ai vu plusieurs) ou par un riche mouchoir brodé. De l'autre côté de la tête, on voit les cheveux tout plats, et là les dames laissent libre cours à leur imagination : quelques-unes mettent des fleurs, d'autres une plume de héron, bref, ce qui leur plaît, mais le plus souvent la mode est a un gros bouquet de joyaux, imitant les fleurs naturelles; les boutons sont des perles, les roses des rubis de différentes couleurs, les jasmins sont des diamants, les jonquilles des topazes, si bien sertis et polis qu'on peut difficilement imaginer si belle chose. Les cheveux pendent de toute leur longueur par derrière, tressés en nattes avec des perles et des rubans, toujours à profusion.

Lady Mary Montagu, *op. cit.*

# Islam et confréries

*L'islam ne reconnaît en principe aucun ordre, aucun clergé, aucune hiérarchie spirituelle. Pourtant le mysticisme musulman, d'abord individualiste, devait peu à peu, sous l'influence du monachisme oriental, à partir du XII^e siècle, s'organiser en associations admettant l'autorité d'un maître spirituel.*

Stèle ornée de la profession de foi du Coran.

## Les ordres religieux

La religion musulmane, dans son aspect purement religieux (et non pas juridico-religieux), n'implique pas l'existence d'un clergé comparable à celui de la religion catholique. Il existe, certes, une hiérarchie, mais elle est constituée essentiellement par des personnages à caractère juridico-religieux : le *sheikh ul-islam* et les *kadis* d'une part, les *ulémas* (docteurs de la Loi) et les *muderris* (professeurs des *medrese*) d'autre part ; ce sont en fait plus des lettrés que des religieux qui, au surplus, ne prononcent aucun vœu et n'ont aucune obligation de célibat, il existait de véritables filiations de *kadis*, une espèce de caste d'intellectuels pratiquant l'autorecrutement.

La religion musulmane a ceci de caractéristique qu'elle est d'une part très individualisée, en ce qu'elle ne demande pas du pratiquant un recours à des prêtres, mais, par la formation simple des prières et des rites, un exercice formaliste rapidement assimilable, et en même temps collective par le fait qu'elle se pratique dans des édifices religieux où l'ensemble des musulmans d'un quartier ou d'une agglomération plus importante se réunit pour la prière en commun, notamment celle du vendredi. C'est seulement lors de la célébration des rites religieux de la prière commune que l'on constate l'existence d'un personnel, non pas spécialisé, mais exerçant, à cette occasion, une activité religieuse : l'*imam*, en quelque sorte chef de la communauté musulmane du quartier, qui dirige la prière et commente les versets du Coran, le *hafiz*, récitateur du Coran, le *khatib*, prédicateur, et enfin le *muezzin* qui plusieurs fois par jour lance du haut des minarets l'appel à la prière. Mais il faut bien préciser qu'aucun de ces personnages n'est un prêtre au sens occidental du terme : ce sont des laïcs, qui dans la vie courante peuvent exercer (et souvent exercent) un métier, même s'ils sont appointés régulièrement sur les revenus d'une fondation pieuse. On peut toutefois faire une exception pour les desservants des grandes mosquées qui se doivent de se consacrer totalement à leurs fonctions religieuses, mais sont rétribués en conséquence, notamment les prédicateurs dont on demande, en raison de leur audience, une qualité incontestable. On peut donc dire que le personnel strictement religieux des mosquées et oratoires ne constitue qu'une infime minorité.

Pourtant le nombre de mosquées et oratoires est très grand. Si l'on suit Evliya Celebi, on compte à Istanbul 15 714 mosquées de diverses grandeurs, (auxquelles il faut ajouter 557 grands couvents de derviches) et 6 000 petits couvents, soit en tout 22 000 édifices religieux, ce qui paraît tout de même énorme. […]

Cette propension se retrouve dans le succès rencontré par les ordres de derviches. On aurait tort d'assimiler ces derviches musulmans aux moines des ordres chrétiens : on aurait tort aussi de ne voir en eux que des gens ayant fait vœu de pauvreté et vivant de la générosité publique, tels les *fakir*s (littéralement, les pauvres). Si, pendant longtemps, et surtout au Moyen Age, les derviches ont vécu isolément, cherchant le salut par des pratiques ascétiques ou le recueillement mystique, à partir du XIIIe siècle sont apparues les confréries (*tarika*), dont certaines connurent dans le monde turc-anatolien un grand succès. Ces confréries se composent de deux catégories d'adeptes : les uns, qui forment la catégorie supérieure, sont ceux qui ont prononcé des vœux, après une initiation plus ou moins longue, vivent dans les couvents et se soumettent totalement aux règles de la confrérie, règles pouvant inclure des pratiques très particulières, parfois même dangereuses, qui varient d'une confrérie à l'autre. Ces membres réguliers sont de loin les moins nombreux. L'autre catégorie est constituée par des adhérents «extérieurs» vivant dans le monde qui, sans prononcer de vœux, se déclarent adeptes de la confrérie et sont tenus de dire certaines prières et d'assister à certaines séances de pratique religieuse dans un des couvents de l'ordre. Au cours de ces séances, se développe une grande exaltation religieuse qui est provoquée ou accompagnée par des manifestations d'hypnose due à des excitants ou à des exercices (danses, crises, etc.) qui

Imam.

amènent les participants à un état voisin de l'extase ou de l'hystérie. Avec le temps d'ailleurs, les règles profondes des confréries ont subi des transformations, si bien que ce sont parfois les manifestations extérieures qui prennent le pas sur l'esprit religieux ou mystique ; dans certains ordres, l'usage des stupéfiants ou des alcools est devenu, sinon une règle, du moins une habitude, et l'on a pu reprocher, par exemple aux bektashis, de chercher davantage des plaisirs matériels que l'élévation mystique.

A Istanbul, deux ordres de derviches prédominent : les mevlevis et les bektashis. Les mevlevis sont connus par les Occidentaux sous le nom de «derviches tourneurs» en raison des danses qu'ils exécutent au cours de leurs séances pour parvenir à l'extase. Bien que pendant longtemps on ait considéré ces danses, ainsi que la musique et les récitations de poésies mystiques qui les accompagnent, comme des pratiques peu orthodoxes, les mevlevis ont su acquérir une réputation de bonne observance des préceptes religieux; cela tient, pour une bonne part, à la grande réputation qu'avait su obtenir leur fondateur Mevlana Djelal ed-din Roumi, qui vécut à Konya au XIIIe siècle. Au cours des siècles, dans l'Empire ottoman, les mevlevis ont gagné la faveur des sultans et, en général, des éléments paisibles de la population : on pourrait dire d'eux qu'ils sont l'ordre religieux des classes dirigeantes et bourgeoises; cela tient peut-être à leur origine citadine, à leur doctrine plus marquée d'intellectualisme, à leur attitude conservatrice et hostile à tout mouvement d'agitation ou de soulèvement.

Robert Mantran,
*La Vie quotidienne à Istanbul,*
Hachette, Paris

## Mysticisme et politique : les bektashis

*Les corporations religieuses ont joué un rôle prépondérant dans le monde ottoman, en particulier dans le développement des villes. L'un des ordres les plus en faveur était celui des derviches bektashis.*

Le maître de l'ordre est Hâdjdjï Bektash Wâli, venu d'Iran en Anatolie au XIIIe siècle. L'attitude des Bektashis à l'égard de l'Islam est marquée à la fois par les traits généraux du mysticisme populaire et par leur profonde négligence des rites et du culte musulman. Dans leurs doctrines secrètes, ils sont shï'ites, reconnaissant les douze imâms et tenant en particulier Dja'far al-Sâdik en haute estime. Le centre de leur culte est Ali; ils l'unissent à Allâh et Muhammad en une trinité. Du 1er au 10 muharram, ils célèbrent les nuits de deuil et ils vénèrent hautement les autres martyrs *'alides*, spécialement les *ma'sûm-i pâk* (qui sont morts enfants).

L'ordre tout entier était administré par le Celebi qui résidait dans le couvent-mère construit à Hâdjdjï Bektash sur la tombe du saint (entre Kirshehir et Kaysariyye). Cette charge passait d'ordinaire de père en fils au XVIIIe et XIXe siècle, mais elle ne fut pas toujours héréditaire. Les célibataires avaient leur propre grand-maître ou *dede*. Le chef d'un simple monastère (*tekke*) est appelé *baba*, le membre complètement initié *derwîsh*, celui qui a seulement fait ses premiers vœux *muhibb*, et l'adhérent non encore initié *'ashik*. La discipline est principalement régie par les relations entre le murshid et ses disciples et novices.

Les bektashis portent une coiffure blanche consistant en quatre ou douze plis. Le nombre quatre symbolise les «quatre portes» : *sharia, tarika, marifa, hakika*, et les quatre classes correspondantes de personnes : *abid, zahid, arif, muhibb*; le nombre douze indique le nombre des imams. Particulièrement caractéristiques sont aussi le *taslim tashi* à douze plis qui est porté autour du cou et le *teber* (hache à double tranchant).

La forme *bektashte* de la religion des derviches a profondément influencé la piété du peuple turc. A côté des écrits mystiques proprement dits de l'ordre, une riche et fervente poésie lyrique de poètes bektashis y fut florissante.

L'importance politique de l'ordre était due à ses relations avec les Janissaires; ces derniers auraient été, dès le début, et de la même façon que toutes les autres anciennes institutions politiques des Ottomans, sous l'influence de corporations religieuses. Durant la seconde moitié du XVe siècle au plus tard. Les Bektashiyya acquirent parmi eux une autorité exclusive. La réceptivité des Janissaires aux croyances bektashies s'expliqueraient peut-être par leur origine chrétienne. Leurs relations avec cet ordre strictement organisé donnèrent au corps des Janissaires le caractère d'une corporation fermée. Les Bektashis participèrent également à plusieurs rébellions de derviches contre le pouvoir ottoman, par exemple la révolte de Kalenderoghlu (933–1526-27). La destruction des Janissaires en 1241-1826 par Mahmûd II eut des répercussions sur l'ordre auquel ils étaient liés; de nombreux monastères furent démolis à l'époque. Vers le milieu du XIXe siècle, l'ordre recommença à être florissant, et des monastères furent reconstruits; les Bektashis connurent une renaissance qui trouva son expression dans l'activité littéraire à la fin du XIXe siècle et même après 1908.

A l'automne de 1925, les Bektashis, comme tous les ordres de derviches de Turquie, furent dissous. Cependant, c'était précisément eux qui avaient ouvert la voie à de nombreuses mesures entreprises par la République turque (relations avec l'orthodoxie islamique; situation de la femme).

Aujourd'hui, les Bektashis continuent à exister dans la péninsule des Balkans, particulièrement en Albanie où leur principal monastère est à Tirana; selon certains documents, il existait encore, en 1952, 30 000 Bektashis en Turquie.

*Encyclopédie de l'Islam*,
Tome 1,
Maisonneuve, Paris, 1960

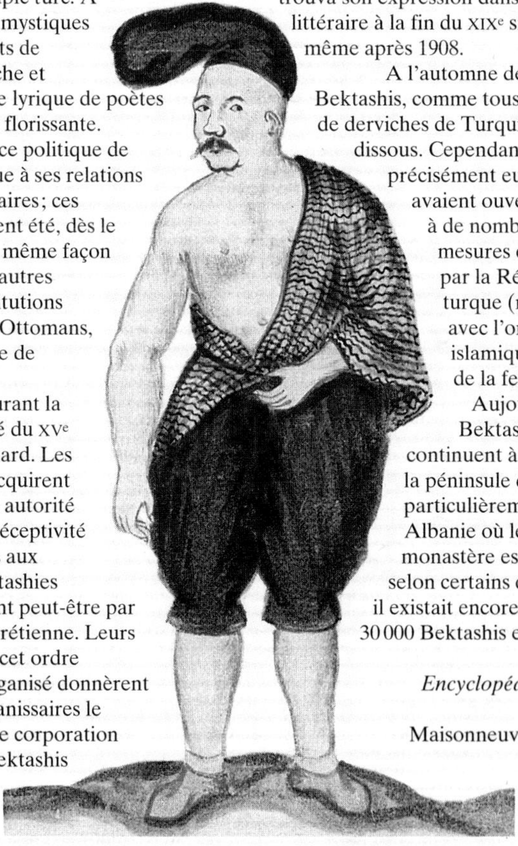

Derviche.

# La poésie : une tradition ottomane

*Au XVI<sup>e</sup> siècle, s'affirment des poètes tels Baki et Fuzuli. Soliman le Magnifique, lui-même, écrit des odes –* gazel *– sous le nom de Muhibbi (l'amant). Cependant, il n'y a pas de renouveau littéraire à cette époque et la langue classique demeure imprégnée d'arabe et de persan.*

## La cour, mécène des poètes

Leur nombre et leur importance dans la vie intellectuelle de l'aristocratie lettrée s'accroissent avec l'expansion de l'Empire. Ils sont protégés, voire entretenus, par les sultans et les hauts dignitaires, qui en attendent, avec des plaisirs esthétiques, un rehaussement de leur prestige. Certains, aussi, qui se distinguent par l'authenticité de leur foi, connaissent un grand succès parmi les membres, toujours plus nombreux, des ordres religieux à tendance mystique, florissants pendant toute la durée de l'empire ottoman.

La cour est un lieu privilégié de poésie. Presque tous les sultans s'y adonnent eux-mêmes, parfois avec talent. Elle est en honneur parmi les dames du harem impérial et de l'aristocratie, dont plusieurs la cultivent. Elle domine aussi les autres genres dans les grandes ville des provinces, à Bursa et Andrinople, les précédentes capitales, ou encore à Bagdad, conquise en 1534.

Les poètes de cour ottomans ont tous reçu dans leur jeunesse la formation classique dispensée, à un haut niveau, dans les *medrese*. Ils connaissent bien l'arabe et le persan et sont imprégnés de culture littéraire arabo-persane. Ils développent, à partir de riches vocabulaires arabe et persan, et dans l'esprit de la poésie persane classique, une langue poétique de plus en plus savante, qui, tout en conservant pour l'essentiel la structure et la grammaire du turc, réduit singulièrement l'emploi des mots turcs.

Ils s'inspirent largement, pour leurs thèmes et leurs images, de la tradition persane, mais ils déploient généralement une grande imagination dans le renouvellement des symboles, des jeux verbaux (à double ou triple sens créant une ambiguïté entre le sacré et le profane) et de la musicalité du vers. La plupart brillent bien davantage par l'extrême raffinement, voire la préciosité, de leur écriture et par la mélodie de leur langage que par le contenu de leur pensée. Ils ont recours aux schémas métriques arabo-persans les plus savants, aux rimes internes et externes ou aux allitérations les plus recherchées. Ils sont, sans en faire la théorie, des adeptes de l'art pour l'art, à quelques exceptions près.

La plupart développent sans relâche, mais avec virtuosité, les thèmes classiques de la poésie persane : thèmes religieux, avec l'instabilité des choses d'ici-bas et l'appel à méditer sur l'au-delà; thèmes profanes, plus ou moins déguisés, avec l'amour des éphèbes et du vin, les douleurs de la séparation, les malheurs de la vieillesse. Le sentiment de la nature qui transparaît parfois dans leurs vers est surtout celui d'esthètes citadins chantant les jardins et les fleurs, les oiseaux et les pièces d'eau des parcs, avec une prédilection pour les rossignols et les roses, préférant la clarté lunaire aux feux du soleil, et à toute autre saison celle du renouveau printanier.

Louis Bazin,
in Robert Mantran,
*Histoire de l'Empire ottoman*,
Fayard, Paris, 1989

**Baki, le plus grand**

Baki naquit à Istanbul, en 1526. Il était le fils d'un muezzin de la mosquée de Mehmed II. Il commença sa vie comme artisan – apprenti sellier –, mais grâce à ses sacrifices et à sa ténacité, il réussit à faire des études approfondies. Il fréquentait l'échoppe du vieux poète Zati, qui était le lieu de rendez-vous des artistes. Il se fit connaître dans les milieux de la Cour par une *kaside* adressée à Suleyman revenant victorieux d'une campagne de Perse. Il entra aussitôt dans les bonnes grâces du sultan et progressa rapidement dans la carrière *ulema*. Il jouit de la faveur des grands et occupa des postes de plus en plus importants. Il ne put cependant pas atteindre le grade le plus haut du corps des *ulema*, celui de *sheyk ul-Islam*, ce qui fut le chagrin de ses dernières années. Il mourut en 1600, d'un violent accès de colère. Honoré dans sa vie de «sultan des poètes», il fut enterré avec faste et solennité.

Baki était un homme du monde, intelligent, cultivé, à la conversation spirituelle, souvent ironique et mordante. L'art de Baki trouve son expression la plus parfaite dans le *gazel*, poème d'amour érotico-mystique, mais il a également composé des *kaside* «panégyriques», et une célèbre *mersiye*, «élégie», sur la mort de Suleyman.

Baki représente la perfection de la poésie lyrique ottomane. Même s'il s'inspire de la littérature persane, sa poésie reste vive et personnelle. D'une disposition d'esprit joyeuse, il a su donner une saveur stambouliote à ses vers. Il définit lui-même sa poésie comme «élégante, oisive, gaie et fraîche» !

«O mon Aimée ! depuis la pré-éternité, nous sommes les esclaves obéissants du roi de l'Amour,
C'est pourquoi, nous sommes les sultans glorieux du royaume de l'Amour.
O mon Aimée ! N'épargne pas l'eau du nuage de ta bienveillance à nos cœurs assoiffés d'amour,
Car dans le désert de l'Amour, nous sommes des anémones au cœur calciné.
Si le Destin déchire nos cœurs, c'est qu'Il a deviné que nous avons en nous un Trésor,

Si nos poitrines sont ensanglantées, c'est parce que nous sommes une mine cachée du trésor de la connaissance.
Puisse la poussière de la douleur ne pas troubler la source pure de notre âme,
Car nous sommes, tu le sais bien, la gloire du royaume des Ottomans.
O mon Aimée ! La coupe de la poésic de Baki, remplie d'un vin enivrant, parcourt le monde,
Car c'est nous qui sommes aujourd'hui le sultan des poètes.»

Irène Mélikoff,
*Soliman le Magnifique et son temps*,
Actes du colloque de Paris, Grand Palais, Paris, 1990

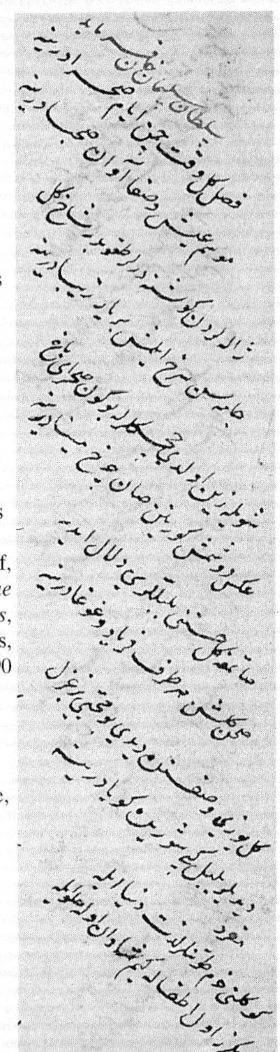

## Fuzuli, le douloureux

Contrairement à Baki qui connut le succès et la gloire, Fuzuli eut une existence monotone et une vie sans fortune. Il naquit dans la région de Bagdad, probablement dans la dernière décennie du XVe siècle. Sa vie est assez peu connue. Il appartenait à la tribu oghuz des Bayat et il était de croyance chiite. Ayant grandi dans une région où l'on parlait les trois langues : turc, persan, arabe, il possédait, dès son enfance, les trois cultures musulmanes. Il fut gardien du tombeau de Ali à Nadjaf. Dans sa jeunesse, il dédia des écrits à Shah Ismaïl. En 1534, Bagdad tomba aux mains de Soliman le Magnifique et le poète essaya, par ses vers, d'obtenir les faveurs du nouveau maître, mais il ne put avoir qu'une pension, à la charge des œuvres pieuses, dont le paiement était très irrégulier. Il ne semble jamais avoir quitté la région de Bagdad où il mourut en 1556, pendant une épidémie de peste. Il fut enterré à Kerbela, près du mausolée de Huseyn. Son œuvre est abondante et variée : il laissa trois *divans*, en turc, en persan et en arabe, ainsi qu'une œuvre dédiée aux martyrs de Kerbela. Mais Fuzuli reste surtout le grand maître du poème romanesque. Son chef-d'œuvre est le roman de *Leyla et Mejnun* qu'il termina en 1535. C'est aussi le maître du langage fleuri. Contrairement à Baki, Fuzuli excelle dans l'expression de la souffrance. Et pourtant, un de ses biographes le décrit comme un homme de tempérament gai, à la conversation agréable.

«Le cœur qui ne connaît pas la douleur de la séparation n'est pas digne du bonheur de l'union avec l'Aimé.
Chaque souffrance a son remède, mais la souffrance de ceux qui n'ont pas

de souffrance, est sans
remède !
L'Amant est celui qui
sacrifie son âme à
l'Aimé,
qu'il ne recherche pas
l'Aimé, celui qui lui
refuse son âme.
Celui qui aime son âme
pour l'Aimé, aime
l'Aimé,
mais celui qui aime l'Aimé
pour sa propre âme,
n'aime que son âme.
Si l'Aimé me demande
mon âme, c'est une
faveur que je lui dois :
qu'est-ce que l'âme pour
que je la refuse à
l'Aimé ?
Puissé-je avoir mille âmes
dans ce cœur brisé
et puissé-je, avec chacune
d'elles, me sacrifier
pour toi ! »

Irène Mélikoff,
*op. cit.*

## Un poème de Soliman le Magnifique, dit *Muhibbi*

Le poème attribué au souverain est une ode – *gazel* – de cinq distiques auxquels s'ajoute un sixième distique séparé – *müfred*. On retrouve dans le premier vers du cinquième distique, le nom de poète du sultan : *Muhibbi* (l'amant) ; et dans le premier du distique séparé, employé objectivement, celui de sa bien-aimée, *Hürrem* (la joyeuse), notre Roxelane. Cette œuvre d'un monarque qui fut aussi un élégiaque et un lyrique prolixe, dont certains vers sont restés proverbiaux en Turquie, dit à peu près ceci :

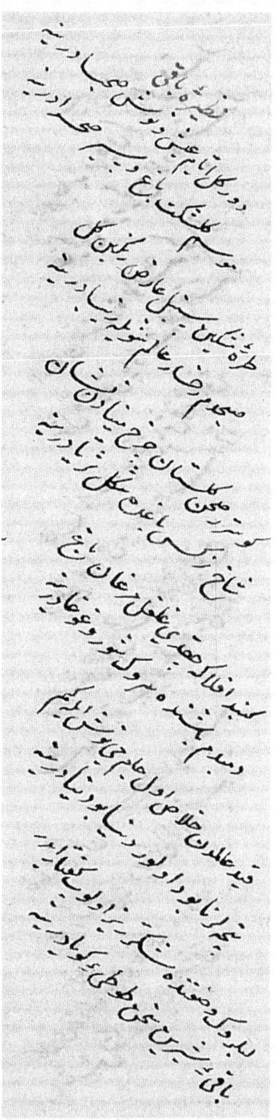

« Le revoici le temps des
roses et de la sève et des
courtils,
Le tour des ris et des
plaisirs et des babils, le
revoici.
La rosée a fixé sur la
branche de rose
Un larmillon.
De nouveau sur la rose une
tâche est éclose de
vermillon.
Aujourd'hui la campagne
est un jardin qui fête le
renouveau,
Et c'est un coin des cieux
qui s'y reflète
Oui, de nouveau.
Pour peindre un teint de
rose, il a dix vers chanté,
ce Muhibbi,
Et l'on s'écrie : O rossignol,
d'amour grisé, te revoici.
Les âmes trop joyeuses aux
plaisirs d'ici-bas,
Ressemblent aux enfants
régalés de halva. »

Gilles Venstein,
in *Catalogue de l'exposition
Soliman le Magnifique*,
Grand Palais, 1990

Il écrivit aussi :
« Mon amour plane au-
dessus de moi
comme un oiseau de
paradis.
Je suis devenu souverain
du monde
en mendiant à ta porte. »

Poème de Soliman.

# Désenchanté

*L'ombre de Pierre Loti, qui voyagea à Istanbul vers 1892, erre toujours sur les hauteurs d'Eyup, au fond de la Corne d'or, où les stèles de pierre de l'immense cimetière disparaissent dans la verdure.*

Promenade du sultan sur le Bosphore.

Un parfum d'aromates montait de ce grand bois funéraire, si tranquille devant ses fenêtres, – parfum de la vieille terre turque immuable, parfum de l'herbe rase et des très petites plantes qui s'étaient chauffées depuis le matin au soleil d'avril. Les verdures noires des arbres. détachées sur le couchant qui prenait feu, étaient comme percées de part en part comme criblées par la lumière et les rayons. Des dorures anciennes brillaient, çà et là, aux couronnements de ces bornes tombales, que l'on avait plantées au hasard dans beaucoup d'espace, que l'on avait clairsemées sous les cyprès. (En Turquie, on n'a pas l'effroi des morts, on ne s'en isole point; au cœur même des villes, partout, on les laisse dormir.) A travers ces choses mélancoliques des premiers

plans, entre ces gerbes de feuillage sombre qui se tenaient droites comme des tours dans les intervalles de tout cela, les lointains apparaissaient, le grand décor incomparable : tout Stamboul et son golfe, dans leur plein embrasement des soirs purs. En bas, tout à fait en bas, l'eau de la Corne-d'Or, vers quoi dévalaient ces proches cimetières, était rouge, incandescente comme le ciel; des centaines de caïques la sillonnaient, – va-et-vient séculaire, à la fermeture des bazars, – mais, de si haut, on n'entendait ni le bruissement de leur sillage, ni l'effort de leurs rameurs; ils semblaient de longs insectes, défilant sur un miroir. Et la rive d'en face, cette rive de Stamboul, changeait à vue d'œil; toutes les maisons avoisinant la mer, tous les étages inférieurs du prodigieux amas, venaient de s'estomper et comme de fuir, sous cette perpétuelle brume violette du soir, qui est de la buée d'eau et de la fumée; Stamboul changeait comme un mirage : rien ne s'y détaillait plus, ni le délabrement, ni la misère, ni la hideur de quelques modernes bâtisses; ce n'était maintenant qu'une silhouette, d'un violet profond liséré d'or, une colossale découpure de ville toute de flèches et de dômes, posée debout, en écran pour masquer un incendie du ciel. Et les mêmes voix qu'à midi, les voix claires, les voix célestes se reprenaient à chanter dans l'air, appelant les Osmanlis fidèles au quatrième office du jour : le soleil se couchait.

Pierre Loti,
*Les Désenchantés*,
1906

## LISTE DES SULTANS OTTOMANS

Osman Ier v. 1280-v. 1324.
Orkhan, Ghazi v. 1324- v. 1362.
Murad Ier v. 1362-1389.
Bayazid Ier, Yilderim 1389-1402.
Mehmed Ier 1413-1421.
Murad II 1421-1444, 1446-1451.
Mehmed II le Conquérant 1444-1446, 1451-1481.
Bayazid II 1481-1512.
Selim Ier 1512-1520.
Sulayman Ier, Soliman le Magnifique 1520-1566.
Selim II 1566-1574.
Murad III 1574-1595.
Mehmed III 1595-1603.
Ahmed Ier 1603-1617.
Mustafa Ier 1617-1618, 1622-1623.
Osman II 1618-1622.
Murad IV 1623-1640.
Ibrahim Ier 1640-1648.
Mehmed IV 1648-1687.
Sulayman II 1687-1691.
Ahmed II 1691-1695.
Mustafa II 1695-1703.
Ahmed III 1703-1730.
Mahmud Ier 1730-1754.
Osman III 1754-1757.
Mustafa III 1757-1774.
Abdul-Ahmid Ier 1774-1789.
Selim III 1789-1807.
Mustafa IV 1807-1808.
Mahmud II 1808-1839.
Abdul-Medjid Ier 1839-1861.
Abdul-Aziz 1861-1876.
Mehmed Murad V 1876.
Abdul-Ahmid II 1876-1909.
Mehmed V 1909-1918.
Mehmed VI, Vahideddin 1918-1922.
Abdul-Medjid II 1922-1924 (seulement calife).

## CHRONOLOGIE

v. 1290-v.1320 Osman.
v. 1320-1362 Orkhan.
1326 Prise de Brousse.
1337 Prise de Nicomédie.
1354 Prise de Gallipoli.
1362-1389 Murad Ier.
1363 Prise d'Edirne.
1371-1375 Invasion de la Serbie.
1389-1402 Bayazid Ier.
1394 Occupation de la Bulgarie.
1396 Défaite des chrétiens à Nicopolis.
1402 Défaite des Ottomans par Tamerlan.
1402-1413 Lutte entre les fils de Bayazid Ier.
1413-1421 Mehmed Ier.
1421-1451 Murad II.
1451-1481 Mehmed II le Conquérant.
1453 Prise de Constantinople.
1455 Début de la construction du palais de Topkapi à Istanbul.
1462 Annexion de la Bosnie.
1481-1512 Bayazid II.
1485-1491 Guerre contre les Mamluks.
1501 Shah Ismaïl fonde la dynastie safavide en Iran.
1512-1520 Selim Ier.
1514 Victoire de Chaldiran sur les Safavides.
1515-1547 François Ier.
1516-1517 Conquête de la Syrie et de l'Egypte.
1516 Occupation d'Alger.
1519-1555 Charles Quint.
1520-1566 Soliman le Magnifique (Sulayman).
1521 Prise de Belgrade.
1522 Prise de Rhodes.
1523 Ibrahim Pacha grand vizir.
1526 Bataille de Mohacs. Invasion de la Hongrie.
1529 Echec du siège de Vienne.
1534 Prise de Baghdad.
1536 Conclusion des capitulations avec la France. Exécution d'Ibrahim Pacha.
1539 Prise d'Aden.
1541 Annexion de la Hongrie.
1544-45 Siège de Nice avec les Français.
1548-1557-1567 Construction des grandes mosquées d'Istanbul et d'Edirne par Sinan.
1553 Assassinat de Mustafa, fils de Sulayman.
1561 Assassinat de Bayazid, fils de Sulayman.
1564 Sokullu Mehmed Pacha grand vizir.
1566 Bataille de Szigetvar. Mort de Soliman.
1566-1574 Selim II.
1569 Premières capitulations avec les Français.
1571 Occupation de Chypre. Défaite de Lépante.
1574 Prise de Tunis.
1574-1595 Murad III.
1595-1604 Mehmed III.
1604-1617 Ahmed Ier.
1612 Capitulations accordées aux Hollandais.

1617-1618 Mustafa Ier.
1618-1622 Osman II.
1622 Assassinat d'Osman II.
1622-1623 Mustafa Ier (2e règne).
1629-1640 Murad IV.
1639 Reprise de Baghdad.
1640-1648 Ibrahim Ier.
1644 Début de l'expédition de Crète.
1648-1687 Mehmed IV.
1656-1661 Mehmed Koprulu grand vizir.
1661-1676 Fazil Ahmed Pacha grand vizir.
1669 Ambassade turque en France.
1676-1683 Kara Mustafa Pacha grand vizir.
1683 Echec du siège de Vienne.
1687 La Sainte Ligue contre les Ottomans.
1687-1691 Sulayman II.
1691-1695 Ahmed II.
1695-1703 Mustafa II.
1699 Traité de Karlowitz.
1703-1730 Ahmed III.
1712-1713 Traités de Constantinople et d'Andrinople.
1727-1729 Première imprimerie turque en caractères arabes.
1730-1754 Mahmud Ier.
1739 Paix de Belgrade.
1754 Osman III.
1757-1774 Mustafa III.
1768-1774 Guerre avec la Russie.
1770 Destruction de la flotte ottomane par les Russes.
1774 Traité de Kutchuk-Kaynardja.
1774-1789 Abdul-Hamid Ier.
1783 Annexion de la Crimée par les Russes.
1787-1792 Guerre avec la Russie et l'Autriche.
1789-1807 Selim III.
1798-1802 Expédition de Bonaparte en Egypte.
1807 Destitution de Selim III.
1807-1808 Mustafa IV.
1808 Exécution de Selim III.
1808-1839 Mahmud II.
1812-1820 Victoires de Mehmed Ali, gouverneur d'Egypte sur les Wahhabites.
1821-1829 Guerre d'indépendance de la Grèce.
1827 Défaite navale de Navarin.
1830 Traité d'Andrinople. Les Français débarquent à Alger.
1830-1839 Premières grandes réformes.
1832-1837 Occupation de la Syrie et de l'Anatolie méridionale par Mehmed Ali.
1839-1861 Abdul-Mejid Ier.
Prise d'Aden par les Anglais.
1839 Hatt-i cherif de Gulkhane.
1841 Accord avec l'Egypte.
1853-1855 Guerre avec la Russie.
1856 Congrès et traité de Paris.
1860 Insurrection au Liban. Intervention française.
1861-1876 Abdul-Aziz.
1862 Union de la Moldavie et de la Valachie.
1869 Inauguration du canal de Suez.
1876 Murad V.
1876-1909 Albdul-Hamid II.
1876-1878 Guerre avec la Serbie et la Russie.
1876 Constitution, suspendue en 1878.
1878 Congrès de Berlin.
Indépendance de la Serbie, de la Roumanie, de la Bulgarie.
Occupation de la Bosnie et de l'Herzégovine par les Autrichiens, de l'Anatolie orientale par les Russes.
1894-1896 Révoltes arméniennes et répression.
1894-1895 Création du comité Union et Progrès.
1897 Guerre avec la Grèce.
Autonomie de la Crète.
1908 Révolution Jeunes Turcs.
1909 Abdul-Hamid est déposé.
1909-1918 Mehmed V.
1912 Première guerre Balkanique.
1913 Deuxième guerre Balkanique.
1914 Alliance avec l'Allemagne.
Guerre contre la France, l'Angleterre et la Russie.
Triumvirat avec Enver Pacha.
1914-1915 Invasion russe en Anatolie orientale (Arménie).
1915 Reconquête turque.
Massacres et déportations d'Arméniens.
1915-1916 Bataille des Dardanelles.
1916 La Révolte arabe contre les Turcs.
1917 Prise de Baghdad par les Anglais.
1918 Retraite de Palestine et de Syrie.
Offensive contre les Arméniens.
Les Alliés débarquent à Istanbul.
1918-1922 Mehmed VI, dernier sultan ottoman.
1919 Débarquement des Grecs à Smyrne (Izmir). Mustafa Kemal à Samsun.
1920 Première Assemblée nationale à Ankara.
Début de la guerre d'indépendance.
1922-1924 Abdul-Medjid, dernier calife.
1923 Traité de Lausanne.
Entrée des Turcs à Istanbul.
Proclamation de la République turque.
Ankara nouvelle capitale.
Mustafa Kemal président.
Abolition des capitulations.
1924 Abolition du califat.

## BIBLIOGRAPHIE

– Aslanapa, Oktay, *Turkish Art and Architecture*, Faber & Faber Ld, Londres, 1971.
– Arseven, Celal Esad, *Les Arts décoratifs turcs*, Milli Egitim Basimevi, Istanbul, 1971.
– Atasoy, Nurhan, Raby, Julian, *Iznik, the Pottery of Ottoman Turkey*, Alexandria Press, Thames & Hudson, Londres, 1989.
– Atasoy, Nurhan, Cagman, Filiz, *Turkish Miniature Painting*, Publication of the RCD Institute, Istanbul, 1974.
– Atil, Esin, *Suleymanne*, National Gallery of Art, Washington, Abrams, New York, 1986.
– Berchet, *Le Voyage en Orient*, Bouquins, Robert Laffont, Paris, 1985.
– Berthier, Annie, «Magnifiques retrouvailles : la lettre de Soliman à François Ier», *Revue de la Bibliothèque Nationale de France*, 3, automne 1994.
– *Catalogue de l'exposition Soliman le Magnifique*, Grand Palais, 1990, R. M. N..
– Chateaubriand, *Itinéraire de Paris à Jérusalem*, Paris, 1806.
– Clot, André, *Soliman le Magnifique*, Fayard, Paris, 1981.
– *Encyclopédie de l'Islam*, tome 1, Editions Maisonneuve, Paris, 1960.
– Gomez-Géraud, Marie-Christine, Yerasimos, Stéphane, *Dans l'Empire de Soliman le Magnifique*, Presses du CNRS.
– Goodwin, Godfrey, *A History of Ottoman Architecture*, The Johns Hopkins Press, Baltimore, 1971.
– Loti, Pierre, *Les Désenchantés*, Paris, 1906.
– Mantran, Robert (sous la direction de), *Histoire de l'Empire ottoman*, Fayard, Paris, 1990.
– Mantran, Robert, *La Vie quotidienne à Istanbul*, Hachette, Paris.
– Mantran, Robert, *Histoire de la Turquie*, PUF, Que sais-je?, Paris, 1988.
– Montagu, lady Mary, *L'Islam au péril des femmes, une Anglaise en Turquie au XVIIIe siècle*, trad. Anne-Marie Moulin et Pierre Chuvin, Maspero, Paris, 1981.
– Necipoglu, Gulru, *Architecture Ceremonial and Power, the Topkapi Palace in the 15th & 16th centuries*, MIT Press, New York, 1991.
– Petsopoulos, Yanni,(sous la direction de), *L'art décoratif ottoman, Tulipes, Arabesques et Turbans*, Denoël, Paris, 1982.
– Talbot-Rice, David, Swaan, Wim, *Constantinople*, Albin Michel, Paris, 1965.
– Tavernier, J.- B., *Les Six Voyages en Turquie et en Perse*, Maspero, Paris, 1981.
– Veinstein, Gilles, *Soliman le Magnifique et son temps*, La Documentation française, 1992.

## TABLE DES ILLUSTRATIONS

## CHAPITRE II



## CHAPITRE III

aquarelles de Giovanni Grevembroch, 1754. Musée Correr, Venise.
52 Trône de campagne, 2e moitié du XVIe siècle, noyer, ébène, ivoire, bois et nacre. Palais de Topkapi, Istanbul.
53 Banquet et musiciens en l'honneur des ambassadeurs, manuscrit turc 90, XVIe siècle. Bibl. Marciana, Venise.
54 Fonctionnaire chargé des finances, manuscrit turc sur les costumes, XVIIe siècle. Bibl. Marciana, Venise.
55 Portrait de Soliman, de Mehmed Sokullu et de ministres.
56h Pièce d'or de Soliman, altin, collection Saïd Pacha. Bibl. nat., Paris.
56b Soldats de Soliman, manuscrit ottoman consacré à la campagne de Hongrie, XVIe siècle. Palais de Topkapi, Istanbul.
57 Le recrutement des enfants chrétiens pour le corps des janissaires, in *Suleymanname* de Harifi, Ms. H. 1517, fol. 31v. Palais de Topkapi, Istanbul.
58 Les enfants enrôlés pour le corps des janissaires, miniature in *Codex Vindobonensis* 8626, fol. 31. 1590. Kunsthistorisches Museum, Vienne.
59 Janissaires turcs, miniature in *Codex Vindobonensis* 8626, fol. 13. 1590. Kunsthistorisches Museum, Vienne.
60 La prise de Szigetvar, manuscrit ottoman consacré à la campagne de Hongrie, 1566. Palais de Topkapi, Istanbul.
61 Akindji, miniature in *Codex Vindobonensis* 8626, fol. 20. 1590. Kunsthistorisches Museum, Vienne.
62-63 La flotte ottomane entre dans le port de Nice, manuscrit *Suleymanname* par Nasuh al Matraki. Palais de Topkapi, Istanbul.
63h Portrait de l'amiral Barberousse, peinture de Nigari, 1540. Palais de Topkapi, Istanbul.

## CHAPITRE IV

64 Vue d'Istanbul, miniature in *Beyan-i-Menazil Sefer-i Irakeyn, op. cit.*
65 Marchands d'Istanbul, détail d'une miniatiure, in *Mémoires turques, op. cit.*
66h Monnaie d'or ottomane, signature du sultan Abdul Ahmid Ier. Bibl. nat., Paris.
66b Femme des Balkans à Constantinople, gravure. Bibl. nat., Paris.
67 Vue de Constantinople, gravure française du XVIIe siècle. Bibl. nat., Paris.
68 Encorbellement d'une maison traditionnelle d'Istanbul, illustration de François Brosse, © Guides Gallimard.
69 Vue de Sainte-Sophie, lithographie de Fossati, 1856.
70h Intérieur d'un Yali à Istanbul, illustration de François Brosse, © Guides Gallimard.
70b Réception de la cour du sultan Selim III à Topkapi, peinture du XVIIIe siècle. Palais de Topkapi, Istanbul.
71 Le palais de Topkapi, illustration de François Brosse, © Guides Gallimard.
72m Grand salon de réception du sultan Ahmed III, palais de Topkapi, photo.
72b La porte de la Félicité, palais de Topkapi, illustration de François Brosse, © Guides Gallimard.
73h Les cuisines du palais de Topkapi, XVIe siècle, détail de la miniature 1671. Musée Correr, Venise.
73b Femme au harem, miniature de Levni, XVIIIe siècle. Palais de Topkapi, Istanbul.
74 Eunuque de la cour ottomane, manuscrit du XVIIe siècle sur les costumes de Turquie. Bibl. du musée Correr, Venise.
75 Scène dans un harem, peinture de J.B. Van Mour, XVIIIe siècle.
76h Soliman condamnant son fils Mustapha à mort en présence de Roxelane, gravure du XVIIIe siècle.
76b La femme du sultan, aquarelle d'un album sur les costumes turcs, école levantine, fin du XVIIIe siècle. Collection privée.
77 Tissu aux mandorles fleuries, XVIe siècle. Musée Narodowe, Varsovie.
78 Marchands d'Istanbul, détail d'une miniature sur un défilé des corporations, XVIIIe siècle. Bibl. de Topkapi, Istanbul.
79 Entrée d'un caravansérail, miniature du XVIIe siècle, in *Mémoires turques, op. cit.*
80 Le bazar d'Istanbul, XVIe siècle, miniature 1671, *op. cit.*
81h Marchand d'étoffes dans le bazar, miniature du XVIIe siècle, in *Mémoires turques, op. cit.*
81b Détail d'une lettre de capitulation de 1579 conclue entre Selim II et Charles IX, manuscrit occidental 332, fol. 15. Bibl. nat., Paris.
82 Scène de café, manuscrit 439, fol. 9. Chester Beatty Library, Dublin.
83h Femmes se rendant au hammam, aquarelle du XVIIe siècle.
83b Plan du hammam d'Istanbul, illustration de François Brosse, © Guides Gallimard.
84-85 Défilé d'un sultan, in *Scènes de vie de la cour et de la vie quotidienne*, aquarelle de Zacharias Wehme, 1582. Sächsische Landesbibliothek, Dresde.
86-87 *Idem.*

CHAPITRE V



CHAPITRE VI

Topkapi, Istanbul.
120 La prise de la tour de Malakoff, guerre de Crimée, gravure du XIXe siècle. Musée de l'armée, Paris.
121h Florence Nightingale soignant les blessés durant la guerre de Crimée, aquarelle de Joseph-Austin Benwell, 1865. Greater British Council, Londres.
121b «La Russie défend la Turquie, mais elle l'étrangle», caricature, lithographie du XIXe siècle.
122-123h Le chemin de fer au Moyen Orient, novembre 1913.
123b La Révolution «Jeunes Turcs», gravure d'Achille Beltrame, 1909, in *La Domenica del Coriere.*
124 Les réfugiés arméniens après le massacre, octobre 1915.
125 Enver Pacha avec un journaliste français, in *L'Illustration.*
126 Mehmed VI Vaheddin, dernier sultan ottoman, vers 1922.
127h La signature du traité de Sèvres (1920) par le délégué turc.
127b Portrait de Mustapha Kemal.
128 La mosquée Sulaymaniyye à Istanbul au coucher du soleil.

## TEMOIGNAGES ET DOCUMENTS

129 Deux Orientaux, dessin de Rembrandt, Musée du Louvre, Paris.
130 Deux hommes conversant, in *Makamat* d'Al-Hariri, copie syrienne de l'époque mamluk, 1237. British Museum, Londres.
131 Le scribe, in *Les Epîtres des Purs Fidèles*, Bagdad, 1287. Bibl. de la Sulaymaniyye, Istanbul.
132 Portrait de Soliman, gravure de Melchior Lorichs, 1559. Bibl. nat., Cabinet des estampes, Paris.
133 Le couronnement de Soliman, dessin d'après l'Atlas de Chardin, in *Le Magasin pittoresque*.
134 Portrait de Roxelane, gravure anonyme, vers 1550. British Museum, Londres.
136 Portrait de François Ier, bois gravé, XVIe siècle.
138 Copie d'un traité de capitulation entre Soliman et Jean Benette à Alexandrie, 1528, man. occid. Dupuy 429, folio 22. Bibl. nat., Paris.
140 Un janissaire, fac-similé d'une estampe, in *Voyage du Levant*, de Nicolas de Nicolaï, 1576.
141g Le Capitaine des janissaires, dessin in *Les Quatre Livres des navigations*, de Nicolay, 1568.
141d L'Aga des janissaires, *idem*.
142-143 La Bataille de Lépante, gravure de Collaert, d'après Stradam, 1571. Bibl. nat., Paris.
144 Fontaine publique d'Ahmed III, dessin de François Brosse. © Guides Gallimard.
144-145 Vue de Constantinople, dessin de Melchior Lorichs, 1561. Bibl. nat., Paris.
146-147 *Idem*.
148-149 Femmes turques, in *Voyage du Levant*, de Nicolas de Nicolay, 1576.
150 Esclave chrétien pris par les Turcs, gravure du XVIIe siècle. Bibl. nat., Paris.
151 Les captives chrétiennes, in *Histoire des pirates* par Christian, 1846. Bibl. nat., Paris.
152 Une salle d'asile turc, par Decamps, dessin de M. Marvy, in *Le Magasin pittoresque*, 1866.
153 Sur la rive du Bosphore, dessin de Durand Brager, in *Le Magasin pittoresque*, 1866.
154 Vue de la Corne d'or, gravure du XIXe siècle. Bibl. nat., Paris.
155 La sultane et la princesse en robe de cérémonie, dessin du XVIIe siècle. Palais de Topkapi.
156 Stèle à décor floral, avec une sourate du Coran, céramique d'Iznik du XVIe siècle. Victoria & Albert Museum, Londres.
157 Un imam, aquarelles de Giovanni Grevembroch, 1754. Musée Correr, Venise.
159 Un derviche, *idem*.
160 Maison orientale, in *Traité d'astrologie et de divination*, suppl. turc 242, folio 77v. Bibl. nat., Paris.
162-163 Muhibbi, poème de Soliman, manuscrit du XVIIe siècle, suppl. turc 389, folio 25v. Bibl. nat., Paris.
164-165 Promenade du sultan sur le Bosphore, gravure. Bibl. nat., Paris.

## INDEX

### A

Abbassides 32, 78.
Abdul-Hamid Ier 117.
Abdul-Hamid II *111*, 121, *122*, 123, *123*, 124.
Abdul-Megid Ier 117, 120.
Aden 44.
Adriatique *47*.
Afghanistan *90*.
Afrique du Nord 39, 44, 51.
Ahmed Ier 96, *112*.
Ahmed III *72*, 104, 114.
Ahmed Karahisari 98, *99*.
Ahmed Koprulu 113.
Ahmed Pacha 40.
Al-Mangrouti *49*.
Albanais *51*, 66.
Albanie 21, 27.
Alep 35, 79.

## CRÉDITS PHOTOGRAPHIQUES

Alinari/Giraudon, Vanves 36, 37b. Bibliothèque nationale, Paris 4e plat, dos, 11, 13, 16h, 16b, 18, 20, 21b, 25, 26b, 29h, 29b, 32, 33h, 33b, 37, 39, 40h, 45h, 46h, 56h, 66h, 67, 81b, 132, 139, 141, 142-143, 144-145, 146-147, 150, 151, 158, 160-161. Bridgeman, Londres 76b, 121h. Bridgeman/Giraudon, Vanves 22/23. British Museum, Londres 134. Chester Beatty Library, Dublin 82. Dagli Orti, Paris 12, 19, 27, 30g, 38, 40b, 42, 44, 45b, 46b, 47, 48, 53h, 54, 55b, 56b, 60, 62/63, 63h, 64, 65, 70b, 72m, 74, 78, 79, 81h, 96, 97h, 97b, 101g, 101d, 111, 112b, 113, 114h, 114b, 118h, 118b, 119, 120, 123b. D. R. 55h, 57, 69, 130, 131, 133, 136, 140, 148, 149, 152, 153, 154. Edimédia, Paris 116/117. Guides Gallimard 68, 70h, 71, 72b, 83b, 92b, 93, 94b, 95h, 144. Christopher Gibbs LTD, Londres 75. Giraudon, Vanves 17, 24, 73h, 80. Ara Güler/Magnum, Paris 1, 4/5, 6/7, 8/9, 14b, 30d, 31b, 34, 92h, 102/103, 107, 128. Jacqueline Hyde, Paris 1er plat, 41, 50, 52, 88, 89, 95b, 98bg, 98/99b, 99h, 100, 104b, 105h, 105b, 106d, 108h, 109h, 109m, 109b. Lauros-Giraudon, Vanves 110, 115. Erich Lessing/Magnum, Paris 21h, 26h, 35, 112h. L'Illustration-Sygma/Keystone, Paris 122/123h, 124, 125, 127b. Roland et Sabrina Michaud, Paris 14h, 31h, 43, 73b, 90h, 90b, 91, 94h, 98m, 104h. Département des Antiquités orientales, musée du Louvre, Paris 108b. Réunion des Musées nationaux, Paris 129. Roger-Viollet, Paris 76h, 121b, 126, 127h, 162-163. P. Trawinski, Paris 77, 84/85, 86/87. Stéphane Yerasimos, Paris 2/3, 49, 51, 58, 59, 61, 66b, 83h, 106g, 155, 157.

## REMERCIEMENTS

L'auteur «remercie madame Marthe Bernus-Taylor, conservateur général au musée du Louvre, chargée de la section islamique, qui m'a si souvent aidée de ses conseils judicieux et de ses remarques pertinentes; Gilles Veinstein, Stéphane Yerasimos et Annie Berthier qui m'ont fait découvrir le monde ottoman; Cécile Jail qui s'est occupée de la saisie informatique; enfin et surtout mes enfants qui ont accepté que les Ottomans s'installent pour de longs mois parmi nous».

## COLLABORATEURS EXTÉRIEURS

**DÉCOUVERTES GALLIMARD**
COLLECTION CONÇUE PAR Pierre Marchand.
DIRECTION Élisabeth de Farcy.
COORDINATION ÉDITORIALE Anne Lemaire.
GRAPHISME Alain Gouessant.
COORDINATION ICONOGRAPHIQUE Isabelle de Latour.
SUIVI DE PRODUCTION Fabienne Brifault.
SUIVI DE PARTENARIAT Madeleine Gonçalves.
PRESSE Flora Joly et Pierre Gestède.

**SOLIMAN, L'EMPIRE MAGNIFIQUE**
ÉDITION Nathalie Reyss.
ICONOGRAPHIE Béatrice Petit.
MAQUETTE Jacques Le Scanff (Corpus), Dominique Guillaumin (Témoignages et Documents).
LECTURE-CORRECTION Benoît Mangin.

# Table des matières